コウ ケンテツの
食パン食

NHK出版

目次

はじめに ... 4

第一章 トースト

バタートースト ... 6
焦がしバタートースト ... 7
バタートーストのレシピ ... 8
シュガートースト ... 8
黒糖トースト ... 8
ハニーバタートースト ... 8
焦がしバタートーストのレシピ ... 9
目玉焼きマヨトースト ... 9
コーンマヨトースト ... 10
チーズトースト ... 11
ピザトースト ... 12
クロックムッシュ ... 14
ピザ・マルゲリータ風トースト ... 16
クロックマダム ... 18
韓国風屋台トースト ... 19
小倉トースト ... 20
フレンチトースト ... 22
ハニートースト ... 24
バナナミルクフレンチトースト ... 26
ベリートースト ... 28
チョコナッツトースト ... 29
... 30

第二章 サンドイッチ

ミックスサンドイッチ ... 32
クラブハウスサンド ... 34
カツサンド ... 36
簡単カツサンド ... 37
でかでかえびカツサンド ... 38
フルーツサンド ... 40
ストロベリーチーズクリームサンド ... 42
あんバターサンド ... 43
ラップサンド ... 44
バイン・ミー風ベトナムサンド ... 46
ホットドッグ ... 48
シカゴドッグ ... 50

パウンド型でつくるミニ食パン
さっくりパンとどっしりパン ... 51

第三章 おやつパン

- ラスク ………… 56
- かりんとう ………… 58
- パンプディング ………… 60
- トライフル ………… 62
- カフェトライフル ………… 64

第四章 ごちそうパン

- カレーパン ………… 66
- カレーポテトサンド ………… 67
- パングラタン ………… 68
- オニオングラタンスープ ………… 70
- トマトスープ ………… 71
- シーザーサラダ ………… 72
- ベーコントマトサラダ ………… 74
- イタリアンえびパン ………… 75
- エスニックえびパン ………… 76
- カナッペ ………… 78

この本の使い方

● この本で使用している計量カップは200㎖、計量スプーンは大さじ1=15㎖、小さじ1=5㎖です。1㎖=1ccです。

● この本では、バターはグラム表記にしています。10gは大さじ1弱、5gは小さじ1強が目安です。

● 電子レンジ、オーブン、オーブントースターなどは各メーカーの使用説明書などをよくお読みのうえ、正しくお使いください。電子レンジにかける時間、オーブンやオーブントースターの焼き時間は目安です。機種によって異なりますので、様子を見ながら加減してください。

● 電子レンジは金属製の部分がある容器や非耐熱性ガラスの容器、漆器、木・竹製品、耐熱温度が120℃未満の樹脂製容器などを使うと、故障や事故の原因になる場合がありますのでご注意ください。本文中で表示した調理時間は600Wのものです。700Wの場合は約0.8倍、500Wの場合は約1.2倍にしてください。

● 加熱調理の際にアルミ箔やラップを使用する場合は、使用説明書に記載の耐熱温度などを確認のうえ、正しくご使用ください。

はじめに

朝食にはもっとご飯を食べるべきだと僕はよく発言していますし、実際そう思うのですが、僕は食パンが大好きです。ここだけの話、毎朝食パンを食べています。夜寝る前に食パンのストックが十分にないと知ると、そわそわして眠りが浅くなってしまうこともあります。でも大丈夫。息子の舜の「パンたべる〜〜っ」のかけ声を合図に、いつもと変わらない我が家の朝食づくりがはじまります。焼きたてトーストとコーヒーの香り。いいですね。
パンはパンでも食パンの、定番パンからアレンジパン。パパッとつくるおいしいパン。マニアの方には手づくりパン。ふんわりもっちりさっくさく。幸せ運ぶレシピだよ。みんなそろってはいどうぞ！

コウケンテツ

第一章

トースト

こんがりアツアツをサクッと頬張(ほおば)る。
小麦粉の香ばしい風味を楽しむには、
トーストがいちばん!
焼き方をちょっと工夫すれば、
もっともっと、おいしい。

バタートースト

サクッとした食感のあとに、
もっちりふんわり。
僕の故郷・大阪の喫茶店では、
4枚切りの厚切りパンを使うのが主流です。
食パンに深めの切り込みを入れることと、
2回に分けたバターの
ダブル使いがポイント。
ジュワッと口に広がるバターの
ふくよかな香りを楽しんでください。

焦がしバタートースト

もう一つ、とっておきの
バタートーストのレシピを紹介します。
オーブントースターではなく、
フライパンで焼くのが秘けつ。
食パンの両面いっぱいに
バターをしみ込ませながら、
香ばしく焼きます。
ぜいたくすぎるほどリッチな味わいなので、
ぜひ試してください。

バタートースト

材料（2人分）
山形食パン（4枚切り） 2枚
バター 20g

1人分 310 kcal　調理時間 10分

● 食パンにバターを塗る
1 食パンは厚みの半分くらいまで、十文字に切り目を入れる（写真❶）。
2 バターの半量は電子レンジ（600W）に15秒間ほどかけて柔らかくし、1に半量ずつ全体に塗る（写真❷）。

● 食パンを焼く
3 2をオーブントースターでこんがりと色づくまで焼く。
4 3に残りのバターを半量ずつのせる（写真❸）。再びオーブントースターに入れ、バターが少し溶けるくらいまで軽く焼く。

バターはなじみやすいように電子レンジで柔らかくしてから、パンに塗ります。

バターがよくしみ込むように、パンナイフで十文字に深めの切り目を入れます。

パンがこんがりと焼けたら残りのバターをのせて、ジュワッと焼き上げます。

ケンテツ流アレンジ

シュガートースト

昔懐かし、シュガートースト。僕はグラニュー糖派ですが、好みの砂糖でOKです。

材料（2人分）とつくり方
「バタートースト」と同じ材料の分量で同様につくり、焼き上がったらグラニュー糖を小さじ1ずつ全体にふる。

1人分 330 kcal　調理時間 6分

黒糖トースト

黒砂糖をふると、ほんのり和風に。黒砂糖のコクのある甘みがバターの香りに合います。

材料（2人分）とつくり方
「バタートースト」と同じ材料の分量で同様につくり、焼き上がったら黒砂糖（粉）を小さじ1ずつ全体にふる。

1人分 320 kcal　調理時間 6分

焦がしバタートースト

材料（2人分）
山形食パン（4枚切り） 2枚
バター 30g

1人分 350kcal　調理時間10分

● **食パンに切り目を入れる**
1　食パンは厚みの半分くらいまで、斜めに格子状の切り目を入れる（写真❶）。

● **食パンを焼く**
2　フライパンにバター10gを入れて中火で少し溶かし、1のパン一枚を切り目を入れた側を下にして入れる（写真❷）。手で軽く押さえてパンの全面になじませるように動かしながら焼き（写真❸）、こんがりと色づいたら、いったん取り出す。

3　2のフライパンにバター5gを入れて少し溶かし、その上にパンを戻し入れる（写真❹）。フライパンを揺すりながら、こんがりと焼く。残りも同様に焼く。

フライパンを揺すりながら、もう片面にもまんべんなくバターをなじませます。

パンをバターに押しつけるように動かし、全体にまんべんなくなじませます。

バターが溶け始めて香りがたったら、パンの切り目を下にしてのせます。

斜めに4本ずつ計8本の切り目を入れ、バターのしみ込みをよくします。

ケンテツ流アレンジ

ハニーバタートースト

そのままでもおいしいけど、はちみつをかけると最高！僕のお気に入りの食べ方です。

材料（2人分）とつくり方
「焦がしバタートースト」と同じ材料の分量で同様につくり、焼き上がったらはちみつを好みの量ずつ全体にかける。

1人分 380kcal　調理時間10分

目玉焼きマヨトースト

トーストと目玉焼きが一気にできる、朝食におすすめのトーストです。平らな食パンの上で卵がきれいに焼けるように、マヨネーズで土手をつくります。香ばしく焼けたマヨネーズで、おいしさも倍増です。

材料（2人分）

食パン（5枚切り） 2枚
マヨネーズ 適量
卵 2コ
塩・黒こしょう（粗びき） 各少々

1人分 420 kcal　調理時間 12分

● 食パンにマヨネーズを絞る
1 食パンはそれぞれ、みみより少し内側にマヨネーズをこんもりと高さが出るようにして四角く絞る（写真❶）。

● 食パンに卵をのせる
2 卵は1コずつ別々に小さな容器に割り入れる。
3 1のパンの中央を指で押してくぼませる（写真❷）。マヨネーズの内側に2の卵を1コずつ、指でくぼませたところを目がけて落とすように（写真❸）、静かにのせる（写真❹）。

● 食パンを焼く
4 3を天板にのせ、220℃に温めたオーブンに入れ、白身が固まるまで7〜8分間焼き、塩、黒こしょうをふる。

❹ 卵をくぼみに落とすことで卵黄が中央に固定され、きれいな形に焼き上がります。

❸ 小さめの容器に割り入れた卵を、指で押してへこませたくぼみに静かに落としていきます。

❷ パンの中央を指で押して、しっかりとくぼみをつけます。穴を開けないように気をつけて。

❶ パンにくっつけて絞ると高さが出にくいので、少し浮かせたところから絞るのがコツ。

【ケンテツ流アレンジ】

コーンマヨトースト

簡単マヨトーストをもう一品。
つぶつぶコーンの甘みと食感がアクセントです。

材料（2人分）

食パン（5枚切り） 2枚
コーン（缶詰／ホールタイプ）（小）約2/3缶（80g）
マヨネーズ 大さじ4
パセリ（乾） 少々

1人分 390 kcal　調理時間 8分

1 コーンは缶汁をきってボウルに入れ、マヨネーズを加えて混ぜる。
2 食パンに1を半量ずつのせてならし（写真）、天板にのせる。オーブントースターで4分間ほどこんがりと焼き、パセリをふる。

コーン入りマヨネーズを、パンの全面にゴムべらなどで平らに広げる。

チーズトースト

めちゃめちゃ簡単なのに、とびっきりおいしい！
そのおいしさは、撮影中にスタッフから大歓声が上がったほど。
パンの焼き方は、焦がしバタートースト（9ページ参照）の応用です。
フライパンで焼きます。

材料（2人分）
山形食パン（6枚切り） 2枚
ピザ用チーズ 50g
パルメザンチーズ（すりおろす） 大さじ2
バター 10g
黒こしょう（粗びき） 適量

1人分 320kcal 調理時間15分

● 2種類のチーズを焼く

1　フライパンを中火で熱し、ピザ用チーズの半量を食パンと同じくらいの面積に広げ、その上にパルメザンチーズの半量をまんべんなくのせ（写真❶）、溶かす（写真❷）。

● チーズに食パンをのせて焼く

2　1のチーズの上に食パン一枚をのせ（写真❸）、手で軽く押さえてパンの全面にチーズをくっつけてなじませるように動かしながら焼く（写真❹）。

3　チーズに焼き色がついてパンにくっついたら、上下を返す。鍋肌にバターの半量を落として溶かし（写真❺）、パンにからめる。こんがりと香ばしくなったら取り出し、食べやすい大きさに切る。器に盛り、黒こしょうをふる。残りも同様につくる。

仕上げにバターを加え、さらに香ばしく、リッチな風味をプラス。

押さえながらパンとチーズを一体化させ、焦げを防いで香ばしく焼き上げます。

溶けたチーズにすっぽりかぶさるように、パンをのせましょう。

食パンにまんべんなくチーズが行き渡るように、パンと同じくらいの広さに溶かします。

ピザ用チーズにパルメザンチーズをミックスすると、うまみとコクが増します。

ピザトースト

日本でピザトーストの元祖といわれる純喫茶店で味わったレシピを手軽にアレンジしました。
あらかじめ具に火を通しておくのが、おいしく仕上げるコツ。ひと手間かかりますが、具を生のままパンにのせて焼くのは失敗のもとです。

材料（2人分）

- 山形食パン（6枚切り） 2枚
- ベーコン 2枚
- ピーマン 2コ
- たまねぎ ¼コ
- マッシュルーム 3コ
- A
  - トマトケチャップ 大さじ3
  - ウスターソース 小さじ½
  - バター 10g
- ピザ用チーズ 100g
- パセリ（みじん切り） 適量
- オリーブ油 小さじ1

1人分 550kcal　調理時間 15分

● 具の下ごしらえをする

1　ベーコンは3cm幅に切る。ピーマンは縦半分に切ってヘタと種を取り、横に細切りにする。たまねぎは5mm幅のくし形に切る。マッシュルームは軸の下の堅い部分（石づき）を取って薄切りにする。

● 具を炒める

2　フライパンにオリーブ油を熱し、1のベーコン、たまねぎ、ピーマン、マッシュルームを順に入れて中火で炒める。野菜がしんなりしたら、Aを加えてサッとからめ（写真❶）、火から下ろす。

● 食パンに具をのせて焼く

3　食パンに2を半量ずつのせ、ピザ用チーズを半量ずつ散らす（写真❷）。天板にのせ、チーズが溶けてこんがりとするまでオーブントースターで3～4分間焼き、パセリを散らす。

❶ あとでオーブントースターで加熱するので、味をからめたら、火を通しすぎないうちに火から下ろします。

❷ チーズが具の全体を覆ってトロリととろけるように、たっぷりとまんべんなく全体に散らして。

クロックムッシュ

グラタン風の味わいが楽しめる
ハム＆チーズのホットサンドです。
ベシャメルソース（ホワイトソース）の
ポイントは、溶かしバターに小麦粉を
混ぜるときには火から下ろすこと。
これでダマにならず、
なめらかに仕上がります。

材料（2人分）

食パン（8枚切り） 4枚
ハム 10枚
ピザ用チーズ 60g

[ベシャメルソース]
- バター 10g
- 小麦粉 大さじ1
- 牛乳 カップ2/3
- 塩 少々

フレンチマスタード 適量
バター 10g

1人分 640kcal　調理時間20分

● ベシャメルソースをつくる

1　小さめの鍋にバターを入れて弱火で溶かし、いったん火から下ろして小麦粉を加え、手早く混ぜる。なめらかになったら再び弱火にかけ、牛乳を少しずつ加えて混ぜ合わせる（写真❶）。トロリとしたら塩を加えて混ぜ、火から下ろす。

● 食パンにハムをはさむ

2　食パンは片面にフレンチマスタードを塗る。

3　2のパン一枚のマスタードを塗った側に1のベシャメルソースの半量をのせて広げる（写真❷）。ハム5枚を1枚ずつ半分に折りながら交互に重ねてパンの中央にのせる。パンをもう一枚、マスタードを塗った側を下にしてかぶせ、はさむ。残りも同様につくる。

● チーズを溶かしてハムサンドを焼く

4　フライパンにピザ用チーズの半量を広げ入れ、弱火にかける。溶けてきたら3の1組をのせ、小さめのふたなどで上からギュッと押さえながら（写真❸）、弱火で2分間ほど焼く。

5　チーズがこんがりとしたら、フライパンより一回り小さな皿を裏返してかぶせ、フライパンごとひっくり返して取り出し、そのまま皿からパンをすべらせるようにフライパンに戻し入れる。バターの半量を加え、ふたをして2分間ほど焼き、半分に切って器に盛る。残り1組も同様につくる。

チーズとパンがくっつくように、小さめのふたなどで押さえて焼きます。

ゴムべらやスプーンでベシャメルソースを広げ、全体に行き渡らせます。

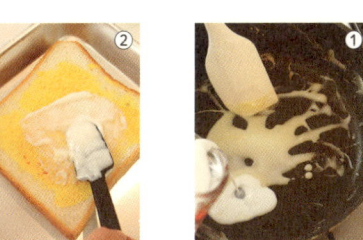
小麦粉の粉っぽさがなくなったら、牛乳を少しずつ加えてよく混ぜます。

ピザ・マルゲリータ風トースト

シンプルさがおいしい「ピザ・マルゲリータ」をトーストでアレンジ。トマトソースは、フレッシュなトマトで手軽につくります。

材料（2人分）

山形食パン（6枚切り）　2枚
[トマトソース]
　トマト（小）　2コ
　オリーブ油　大さじ1
　トマトケチャップ　小さじ2
　塩・黒こしょう（粗びき）　各少々
　にんにく（すりおろす）　½かけ分
ピザ用チーズ　40g
バジルの葉　適量
黒こしょう（粗びき）　適量

1人分 340kcal　調理時間 20分

● トマトソースをつくる
1　トマトはヘタを取り、5mm角に切る。ざるにのせて塩少々（分量外）をふり、10分間おいて水けを拭く。
2　1と残りの材料をボウルに入れて混ぜ合わせる。

● 食パンにトマトソースとチーズをのせて焼く
3　食パンに2を半量ずつのせてピザ用チーズを半量ずつ散らし、天板にのせる。オーブントースターで3〜4分間、チーズが溶けてこんがりとするまで焼き、器に盛る。バジルの葉を散らし、黒こしょうをふる。

クロックマダム

クロックムッシュ（17ページ参照）に目玉焼きをのせると、クロックマダムに。ソースを使わずにつくる手軽なレシピで紹介します。

材料（2人分）

食パン（8枚切り） 4枚
[卵液]
　卵 1コ
　牛乳 大さじ2
　塩・黒こしょう（粗びき） 各適量
ハム 4枚
スライスチーズ（加熱用の溶けるタイプ） 4枚
フレンチマスタード 適量
卵 2コ
バター 20g
サラダ油 少々
黒こしょう（粗びき） 適量

1人分 620kcal　調理時間20分

● パンにハムとチーズをはさみ、卵液をからめる

1 卵液をつくる。卵を溶きほぐしてバットに入れ、残りの材料を加えて混ぜる。

2 食パンは片面にフレンチマスタードを塗って2枚1組にする。マスタードを塗った側を内側にして、ハムとスライスチーズを2枚ずつはさむ。1組ずつ1の卵液にくぐらせてからめる。

● ハムチーズサンドを焼く

3 フライパンにバターの半量を弱火で溶かして2の1組をのせ、ふたをして2〜3分間焼く。上下を返して同様に焼き、半分に切って、器に重ねて盛る。残り1組も同様につくる。

● 目玉焼きをつくって仕上げる

4 フライパンをきれいにしてサラダ油を熱し、卵を1コずつ割り入れて目玉焼きをつくる。白身がこんがりとしてきたら、3の上に1コずつのせ、黒こしょうをふる。

韓国風屋台トースト

韓国の屋台や露店、
駅のホームなど至るところにある、
人気のホットサンドです。
大きな鉄板にバターの塊を塗って溶かし、
食パンとオムレツを
同時に焼いてつくります。
なんといっても特徴的なのは、
トマトケチャップ＆砂糖のミックス味！
衝撃的な組み合わせですが、
これがむちゃくちゃおいしくて、
やみつきになります。

材料（2人分）

食パン（10枚切り）　4枚
わけぎ　1本
にんじん　¼本（20g）
キャベツ　1枚
卵　2コ
塩・黒こしょう（粗びき）　各少々
バター　30g
トマトケチャップ　適量
グラニュー糖　適量

1人分 400kcal　調理時間 20分

● 下ごしらえをする

1　わけぎは端から薄切りにする（小口切り）。にんじんはみじん切りにする。キャベツはせん切りにする。

2　卵はボウルに割り入れて溶きほぐし、1のわけぎ、にんじん、塩、黒こしょうを加えて混ぜ合わせる。

● 食パンを焼く

3　フライパンにバター10gを中火で溶かし、食パン2枚を入れて手で軽く押さえてパンの全面になじませるように動かしながら、こんがりと焼く。上下を返して同様に焼き（写真①）、取り出す。

● オムレツをつくる

4　3のフライパンにバター5gを中火で溶かして2の半量を流し入れ、パンの大きさに合わせて円形に整えながら中火で焼く（写真②）。固まってきたら上下を返してサッと焼き、トマトケチャップをかける（写真③）、グラニュー糖をふる（写真④）。

● サンドイッチに仕上げる

5　3のパン1枚に1のキャベツの半量をのせ、その上に4のオムレツを重ね（写真⑤）、3のもう1枚のパンをのせて、はさむ。

6　残り1人分も3～5と同様につくる。

⑤ オムレツはトマトケチャップをかけた面を上にして、キャベツにのせます。

④ トマトケチャップをかけたら、グラニュー糖を全体に均一にふりかけます。

③ オムレツの表面に軽く火が通って半熟になったら、トマトケチャップをかけます。

② へらで卵の周囲を中央にかき寄せながら、パンにはさめる大きさの円形に整えます。

① 食パンは溶かしたバターで風味よく焼き、こんがりと焼き色をつけます。

小倉トースト

和のあんこと洋のバター＆クリームのコンビネーションが楽しい小倉トースト。名古屋名物ですが、僕の地元・大阪の喫茶店のメニューにもあり、大好物でした。僕の家では母がよく、ホットケーキにあんこをのせて小倉ホットケーキをつくってくれました。

材料（2人分）
- 食パン（4枚切り） 2枚
- 粒あん（市販） 100g
- 生クリーム カップ½
- グラニュー糖 大さじ1
- バター 20g
- チェリー（缶詰） 2コ

1人分 680kcal　調理時間15分

● **食パンに切り目を入れる**
1. 食パンは縦横に3本ずつ浅く切り目を入れる（写真❶）。

● **ホイップクリームをつくる**
2. 生クリームはボウルに入れ、グラニュー糖を加えて八分立てにする（写真❷）。

● **食パンを焼く**
3. フライパンにバター5gを中火で溶かし、1のパンの切り目を下にしてバターの上にのせ、手で軽く押さえてパンの全面になじませるように動かしながら、こんがりと焼く（写真❸）。上下を返してバター5gを足し、もう片面も同様にこんがりと焼く。残りも同様に焼く。

● **仕上げる**
4. 3の切り目を入れた側に粒あんを半量ずつのせて広げ（写真❹）、2のホイップクリームを半量ずつのせ、チェリーを1コずつのせる。

粒あんをのせ、スプーンなどで全体にざっと広げます。

こすりつけるようにして、バターをしみ込ませます。

生クリームは、軽くツノが立って、ツノの先端が曲がるまで泡立てます。

バターがよくしみ込むように、片面に切り目を入れます。

フレンチトースト

僕のフレンチトーストは、ふっくらと柔らかく、とろけるおいしさ。卵液はパンの表面だけでなく、中まで十分にしみ込ませます。そして、バターの香りをしっかりと移しながら蒸し焼きにすることがポイントです。

材料（2人分）
- 食パン（4枚切り） 2枚
- [卵液]
  - 牛乳 カップ1/3
  - 卵 2コ
  - 砂糖 大さじ2
- バター 20g
- メープルシロップ・粉砂糖 各適量

1人分 540kcal 調理時間10分*
＊食パンを卵液に浸しておく時間は除く。

●食パンを卵液に浸す
1　食パンは少し斜めに半分に切る。
2　バットに卵液の材料を入れ、菜箸などでしっかりと混ぜ合わせる。
3　1のパンを2に浸し（写真❶）、時々返しながら、汁けをすっかり含むまで15分間ほどおく（写真❷）。

●食パンを焼く
4　フライパンにバターの半量を弱火で溶かし、3のパン1枚分を入れる。弱めの中火にしてふたをし（写真❸）、両面を3～4分間ずつ焼く。残りも同様に焼く。

●仕上げる
5　器に盛り、メープルシロップ、粉砂糖をかける。

ふたをしてじっくりと蒸し焼きにし、ふっくらと焼き上げます。

食パンが卵液をたっぷりと含んだら、フライパンで焼きます。

よく混ぜた卵液に食パンを浸し、両面にまんべんなく含ませます。

ハニートースト

数年前にカフェで流行った、1斤まるごと使うハニートーストです。オーブンを使いますが、オーブントースターで焼く場合は1斤の大きさは入らないので、半分に切ってつくりましょう。僕は外側のみみが好きです。カリッと香ばしくて、最高においしい!

材料(2人分)
食パン　1斤
バター　40g
バニラアイスクリーム(市販)　カップ½
はちみつ　適量
セルフィーユ(あれば)　適宜

1人分 750kcal　調理時間15分

●食パンの中身をくりぬく

1　食パンは切り口を上にして、まな板にのせる。上部から四辺のみみの少し内側に包丁を入れ、底から1cmくらいの深さまで切り込みを入れる(写真❶)。

2　1辺の側面の底から1cmくらいのところに、端から少し内側に包丁を差し込み、1で切り込みを入れた辺りまで、そのまま切り込みを入れる(写真❷)。

3　中身をくりぬき、厚みを3等分に切る。さらにそれぞれ4等分に切って12等分にする。

4　外側のみみの四辺に、上部から5cm深さほどの切り込みを等間隔に2か所ずつ入れる(写真❸)。

●食パンを焼く

5　天板に3と4を並べ、バターを13等分にちぎってそれぞれにのせる(写真❹)。220℃に温めたオーブンで、こんがりとするまで4分間ほど焼く。

●仕上げる

6　パンの中身をみみの中に戻し入れる。器に盛り、バニラアイスクリームをのせる。はちみつをたっぷりかけ、セルフィーユを添える。

中身、外側ともにバターをのせ、風味よく焼き上げます。

みみに切り込みを入れることがカリッと焼き上げるポイントです。

側面の1辺から切り込みを入れ、中身を切り離します。

四辺のみみから少し内側を、グルリと一周切り込んでいきます。

バナナミルクフレンチトースト

韓国のカフェで、あまりのおいしさに感激したフレンチトーストを僕流に再現しました。卵液に混ぜるコンデンスミルクが隠し味。

材料（2人分）

食パン（4枚切り） 2枚

[卵液]
- 牛乳 カップ1
- 卵 2コ
- コンデンスミルク 大さじ3

バナナ（5mm幅の輪切り） 18コ
バター 20g
コンデンスミルク 適量
シナモン（粉） 適量

* 1人分620kcal 調理時間12分*
* 食パンを卵液に浸しておく時間は除く。

● 下ごしらえをする
1　食パンは1枚を9等分に切る。

● 食パンを卵液に浸す
2　バットに卵液の材料を入れ、菜箸などでしっかりと混ぜ合わせる。

3　1のパンを2に浸し、時々返しながら、汁けをすっかり含むまで15分間ほどおく。

● 食パンを焼く
4　フライパンにバターを弱火で溶かし、3を入れる。弱めの中火にしてふたをし、両面を3〜4分間ずつ焼く。

● 仕上げる
5　器に盛り、バナナをパン1切れに1コずつのせる。コンデンスミルクをかけ、シナモンをふる。

28

ベリートースト

ハニートースト（26ページ参照）のバリエーションです。はちみつの代わりに、簡単ベリーソースで爽やかに仕上げます。

材料（2人分）

食パン　一斤

[ベリーソース]
　ブルーベリー・ラズベリー　各10コ
　砂糖　大さじ1

[ホイップクリーム]
　生クリーム　カップ½
　砂糖　大さじ1
　バター　40g
　バニラアイスクリーム（市販）　カップ½
　ブルーベリー・ラズベリー（飾り用）　各5コ

＊1人分950kcal　調理時間20分＊
＊ベリーソースを冷ます時間は除く。

● ベリーソースをつくる

1　ブルーベリーとラズベリーは粗く刻み、小さめの鍋に入れて砂糖をふる。弱火にかけ、つぶしながらトロッとするまで2分間ほど煮詰め、冷ます。

● 食パンをくりぬき、焼く

2　26ページの「ハニートースト」のつくり方1〜5と同様につくる。

● ホイップクリームをつくる

3　生クリームと砂糖をボウルに入れ、八分立てにする（泡立て器ですくうとツノが曲がるくらいの堅さが目安）。口径5mmの星形口金をつけた絞り出し袋に入れる。

● 仕上げる

4　器に2を盛り、バニラアイスクリームをのせ、周りに3のホイップクリームを絞り出す（絞り出し袋がなければスプーンでのせるとよい）。1のベリーソースをかけ、飾り用のブルーベリーとラズベリーを散らす。

チョコナッツトースト

市販の板チョコでつくるので手軽で簡単！ 焼きたてはスプレッドのようになめらか。冷めるとフワッ、サクッとした不思議な食感になり、それもまた一興です。

材料（2人分）
山形食パン（6枚切り） 2枚
ミルクチョコレート（市販／板状のもの） 1枚
アーモンド（スライス） 適量
バター 5g

1人分 350kcal　調理時間10分

● **チョコレートを溶かす**
1　ミルクチョコレートは手で細かく割り、耐熱容器に入れ、バターを加える（写真❶）。電子レンジ（600W）に一分間ほどかけて溶かす。

2　1を取り出して耐熱性のゴムべらで手早く混ぜ、なめらかにする（写真❷）。

● **食パンにチョコレートを塗って焼く**
3　食パンの表面に2を手早く等分に塗り、アーモンドを散らす。天板にのせ、オーブントースターでこんがりと焼く。

冷めると固まるので、手早く混ぜます。

チョコレートは手で割って、溶けやすくします。

第 二 章

サンドイッチ

はさみ方もいろいろ、具もいろいろ。
バゲットやバンズを使う
レシピだって、食パンでつくる。
遊び心いっぱい、おいしさたっぷり、
食パンの可能性は無限大。

ミックスサンドイッチ

薄いパンではなく、厚めのパンを使ってボリュームを出すのが、僕のレシピ。サンドする具の水分はできるだけ除き、油分でパンをコーティングするのがコツです。パンを重ねたらラップで包んでおもしをしてしばらくおくと、きれいに切れます。

材料（2人分）

【卵サンド】
食パン（6枚切り） 6枚
ゆで卵 2コ
たまねぎ（みじん切り） 大さじ3
マヨネーズ 大さじ4
A ┌ 生クリーム 大さじ1
　└ 塩・黒こしょう（粗びき） 各少々
練りがらし 適量

【ハムチーズサンド】
ロースハム 2枚
スライスチーズ 2枚
バター・フレンチマスタード 各適量

【野菜サンド】
トマト（7〜8mm厚さの輪切り） 2切れ
レタス 1〜2枚
きゅうり ½本
マヨネーズ・練りがらし 各適量
塩 適量
黒こしょう（粗びき） 少々

— 1人分 720 kcal　調理時間 20分 *2

*1 常温に戻して柔らかくしておく。
*2 たまねぎを水にさらす時間、トマトに塩をふっておく時間、レタスを水につけておく時間、おもしをしておく時間は除く。

● 卵サンドをつくる

1　たまねぎは水に5分間ほどさらし、ペーパータオルで包んで水けを絞る。

2　ボウルにゆで卵を入れ、フォークなどで細かくなるまでよくつぶす。そぼろ状に細かくなったら、1とAを加えてさらに混ぜ合わせる。

3　食パン2枚の片面に練りがらしを薄く塗る 適量。

4　3のからしを塗った側に2をのせて広げ（写真❷）、もう一枚のパンのからしを塗った側を下にしてのせる。

● ハムチーズサンドをつくる

5　食パン2枚の片面にバター、マスタードを順に薄く塗る（写真❶）。

6　5のバターとマスタードを塗った側にハム、チーズを2枚ずつ重ね、もう一枚のパンのバターとマスタードを塗った側を下にしてのせる。

● 野菜サンドをつくる

7　食パン一枚の片面にマヨネーズ、練りがらしを順に薄く塗る（写真❶）。残り一枚のパンにはマヨネーズを薄く塗る。

8　トマトは両面に塩少々をふり、5分間おく。レタスはパンの大きさに合わせて3〜4等分にちぎり、水にしばらくつけてパリッとさせる。きゅうりは斜め薄切りにする。野菜の水けをよく拭き取る。

9　7のマヨネーズ、練りがらしを塗った側にきゅうりを並べてのせ、塩少々、黒こしょうをふる。その上にトマトを並べてのせ、レタスを重ねる。残りのパンのマヨネーズを塗った側を下にしてのせる。

● 仕上げる

10　4の卵サンド、6のハムチーズサンド、9の野菜サンドを好みの順に重ね、ラップで包む。その上にボウルや皿などをのせて軽くおもしをし、10分間ほどおいてなじませる（写真❸）。

11　サンドイッチをラップから取り出し、みみを切り落として半分に切る。

パンをコーティングする油分の素材（バター、マスタード、練りがらし、マヨネーズなど）を塗るときは、具に合う味わいのものを選びます。

切り方によって具ののせ方を変えます。縦半分に切るときは左、斜めに半分に切るときは右のように、切り口が中心になるようにのせます。

サンドイッチをラップで包んでおもしをし、少しおくと形が安定します。切るときにバラバラになりにくく、きれいな断面になります。

クラブハウスサンド

ファミリーレストランでもおなじみの、アメリカの定番サンドイッチです。付け合わせのフライドポテトはクラブハウスサンドのお約束。じゃがいもは常温の油から低温でじっくり揚げると、カリッ＆ホックリと仕上がります。

材料（2人分）

食パン（8枚切り）　3枚
レタス　2枚
トマト（小）½コ
ベーコン（長めのもの）　3枚

[マヨソース]
粒マスタード・マヨネーズ　各適量

[フライドポテト]
じゃがいも（メークイン）　2コ
たまねぎ（みじん切り）　大さじ1
オリーブ油　大さじ1
トマトケチャップ　適量
バター　20g
揚げ油・塩　各適量

1人分 530kcal　調理時間25分*

* おもしをしておく時間は除く。

●クラブハウスサンドをつくる

1　レタスは食パンの大きさに合わせてちぎる。トマトはヘタを取り、横に1cm幅の輪切りにし、ペーパータオルで水けを拭く。

2　マヨソースの材料を混ぜ合わせる。

3　フライパンにオリーブ油を中火で熱してベーコンを並べ、両面をこんがりと焼いて半分に切る。

4　3のフライパンをきれいにし、バターの⅓量を中火で溶かして食パン一枚を入れ、弱火にする。手で軽く押さえてパンの全面になじませるように動かしながら、こんがりと焼く（写真❶）。上下を返し、フライパンを揺すりながらこんがりと焼く。残りも同様に焼く。

5　パンのあとから焼いた側に2のマヨソースを¼量ずつ塗る。

6　パン一枚のマヨソースを塗った側を上にして置き、その上にトマト、ベーコンの各半量を順に重ね、もう一枚のパンのマヨソースを塗った側を下にしてのせ（写真❷）、残りのマヨソースを塗る。

7　6と同様に、残りのレタス、トマト、ベーコンを順に重ね、残りのパンのマヨソースを塗った側を下にしてのせる（写真❸）。これをラップで包み、水を入れたボウルや皿などをのせておもしをし、5～10分間おいてなじませる（写真❹）。

●フライドポテトをつくる

8　じゃがいもは1cm幅の棒状に切る。

9　鍋に8を入れ、揚げ油をかぶるくらいに注いで中火にかける（写真❺）。150～160℃になったら、温度を保ちながら、じっくりと5分間ほど揚げる。こんがりと色づいたら強火にして温度を上げ、カラリと揚げて取り出し、油をきる。塩をふって混ぜる。

●仕上げる

11　7をラップから取り出し、対角に切って4等分の三角形にし、器に盛る。10のフライドポテトを添えてトマトケチャップをかける。

* 一度水でぬらして拭いた菜箸の先端を鍋底の中央につけると、細かい泡がゆっくりと上がってくる温度が目安。

❺ 常温の油から、低い温度でじっくり揚げるのがポイントです。

❹ おもしをしてしばらくおくと、パンと具がなじんで切りやすくなります。

❸ パンを手で押さえて具と密着させ、くずれにくいようにします。

❷ レタス、トマト、ベーコンの順にのせ、パンではさみます。

❶ バターに全面をこすりつけるようにして焼き、よくなじませます。

カツサンド

薄切り肉を2枚重ねて
フライパンで揚げ焼きするので、
豚カツより簡単。
肉が薄い分、パンを3枚重ねにして
ボリュームを出します。
油をかけながら揚げ焼きにするのがコツ。
肉を2枚重ねているので、
中までしっかりと火を通すためです。

ケンテツ流アレンジ

簡単カツサンド

残り物や市販の豚カツでつくるレシピです。豚カツはオーブントースターで焼くと、サクッとした食感になります。

材料（2人分）

- 食パン（8枚切り） 4枚
- 豚カツ（残り物または市販） 2枚
- A
  - マヨネーズ 適量
  - 練りがらし 適量

【ソース】
- 豚カツソース 大さじ4
- トマトケチャップ 大さじ1
- はちみつ 大さじ1/2

1人分 660 kcal　調理時間 15分*
*ラップで包んでおく時間は除く。

1. 豚カツは天板にのせ、オーブントースターで2分間焼く。
2. ソースの材料を混ぜ合わせ、1の両面によくからめる。
3. 食パン1枚の片面にAを順に薄く塗って2枚1組にし、Aを塗った側を内側にして2の豚カツを1枚ずつはさむ。
4. 3をラップで包んで10分ほどおき、ラップの上から半分に切る。ラップから取り出して器に盛り、あればパセリ少々（分量外）を添える。

材料（2人分）

- 食パン（8枚切り） 3枚
- 豚ロース肉（しょうが焼き用） 4枚
- キャベツ（せん切り） 1枚分
- A
  - マヨネーズ 適量
  - 練りがらし 適量

【ソース】
- 豚カツソース 大さじ4
- トマトケチャップ 大さじ1
- はちみつ 大さじ1/2
- 塩・黒こしょう（粗びき） 各少々
- 小麦粉・溶き卵・パン粉・サラダ油 各適量

1人分 530 kcal　調理時間 25分*
*ラップで包んでおく時間は除く。

● カツをつくる

1. 豚肉は全体に包丁を数か所入れ、筋を切る（写真①）。塩、黒こしょうをふって2枚ずつ重ね（写真②）、小麦粉、溶き卵、パン粉の順にくぐらせて衣をつける。
2. フライパンにサラダ油を1cm深さに入れて中火で熱し、パン粉を入れてくる温度になったら、1の豚肉を並べる。油をかけながら、両面をこんがりと揚げ焼きにし（写真③）、油をきってバットに入れる。
3. ソースの材料を混ぜ合わせ、2の両面によくからめる（写真④）。

● 食パンでカツをはさむ

4. 食パン1枚の片面にAを順に塗り、キャベツの半量、3のカツ1枚を順にのせる。パン1枚の両面にAを順に塗って重ねる。残りのキャベツ、3を同様に重ねる。残りのパン1枚の片面にAを順に塗り、その面を下にしてのせる。

● 仕上げる

5. 4をラップで包んで10分間ほどおき、ラップの上から縦横4等分に切る（写真⑤）。ラップから取り出し、器に盛る。

① 揚げ焼きするときに肉が縮むのを防ぎます。

② ボリュームが出て、食べごたえが出ます。

③ 油をかけて中までしっかりと火を通します。

④ 肉にしっかりとしみ込ませます。

⑤ 形がくずれず、きれいな断面に仕上がります。

でかでか えびカツサンド

バーガーショップで人気の
えびバーガーを食パンでアレンジ。
えびはたたいてでっかく丸め、
プリプリの迫力満点カツをつくります。
厚切りトーストで野菜も一緒に
たっぷりはさめば、
本家えびバーガーをしのぐ完成度！

材料（2人分）

食パン（4枚切り） 2枚

【卵液】
- 溶き卵 2コ分
- 塩 少々
- バター 10g

むきえび 150g

A
- 酒 大さじ2
- 塩 小さじ1/3

B
- 黒こしょう（粗びき） 少々
- かたくり粉 大さじ1½

小麦粉・パン粉・揚げ油 各適量
サラダ油 少々
トマト（小） 1コ
サニーレタス（小） 4枚
スライスチーズ 1枚
粒マスタード 大さじ2

【ソース】
- トマトケチャップ 大さじ2
- マヨネーズ 大さじ1

1人分 720kcal　調理時間25分

● 卵トーストをつくる

1. バットに卵液の材料を混ぜ、食パンを入れて両面にサッとからめる。残った卵液はとっておく。

2. フライパンにバターの半量を中火で溶かし、1のパン1枚を入れる。両面にこんがりと焼き色をつけて（写真❶）、取り出す。残りのバターを入れ、もう1枚のパンも同様に焼く。

● えびカツをつくる

3. むきえびは、背ワタがあれば竹串で取り除く。Aをからめて5分間ほどおき、洗って水けを拭く。包丁で粗く刻み、さらにたたいてミンチ状にする（写真❷）。

4. 3をボウルに入れてBを加え、粘りが出るまでしっかり練り混ぜる。

5. 手のひらにサラダ油を塗り、4を1.5cm厚さの丸形に整える。小麦粉を薄くまぶし（写真❸）、1でとっておいた卵液にくぐらせてパン粉をまぶす。

6. 揚げ油を170〜180℃に熱し、5を入れる。上下を返しながら、両面がこんがりするまで5分間ほど揚げて取り出し、油をきる。

● えびカツと野菜をはさむ

7. トマトはヘタを取り、1cm厚さくらいの4等分の輪切りにする。

8. ソースの材料を混ぜる。

9. 2の卵トースト2枚の片面に粒マスタードを半量ずつ塗る。1枚の粒マスタードを塗った側にサニーレタス2枚、7のトマト2切れを順に少しずらしてのせ、6のえびカツをのせる。8のソースを塗り（写真❹）、スライスチーズ、残りのサニーレタス2枚、トマト2切れを順に少しずらして重ねる。もう1枚のトーストを粒マスタードを塗った側を下にして重ね、半分に切る（写真❺）。

＊一度水でぬらして拭いた菜箸の先端を鍋底の中央につけると、細かい泡がスーッと上がってくる温度が目安。

❶ 両面に焼き色がつくまで、溶かしバターで香りよく焼きます。

❷ 身が粒状に少し残る程度にたたくと、プリッとした食感が出ます。

❸ パンを浸した卵液の残りを、えびカツの衣に再利用します。

❹ ソースをえびカツにかけてスプーンで塗り広げ、しみ込ませます。

❺ パンの中央を人さし指と中指で軽く押さえ、間に包丁を入れてパンを押さえながら切ると、きれいに切れます。

フルーツサンド

手軽なケーキ感覚で楽しめる、カラフルな彩りのフルーツサンド。パンに黄桃のシロップ（缶汁）をしみ込ませると、スポンジケーキのような、しっとりとした口当たりになります。フルーツはバナナ、パイナップル、マンゴーなどでアレンジしてもOK。

1人分 270kcal　調理時間15分

材料（2人分）
食パン（8枚切り）　2枚
キウイ（7～8mm厚さの輪切り）　1枚
いちご　2コ
黄桃（缶詰／7～8mm厚さの半月切り）　2枚
黄桃の缶汁　適量
[ホイップクリーム]
（つくりやすい分量）
　生クリーム　カップ1/2
　砂糖　大さじ2

● 下ごしらえをする
1　いちごはヘタを取り、縦半分に切る。

● 食パンに缶汁を塗る
2　食パンの片面に黄桃の缶汁を薄く塗る（写真❶）。

● ホイップクリームをつくる
3　生クリーム、砂糖をボウルに入れて、泡立て器でツノが立つまでしっかり泡立てる（写真❷）。

● ホイップクリームとフルーツをはさむ
4　2のパン1枚の缶汁を塗った側に3のホイップクリーム適量を薄く広げる。

5　4の中央にキウイをのせて黄桃を重ね、1のいちごを対角になるように四隅にのせる。その上に3のホイップクリーム適量をのせ（写真❸）、たっぷりと塗る。

6　残りのパンの缶汁を塗った側を下にして5に重ね（写真❹）、軽く押さえてなじませる。みみを切り落とし、対角に切って4等分の三角形にする。

フルーツをクリームで覆ったら、もう1枚のパンではさみます。

フルーツの隙間を埋めるように、クリームを塗り広げます。

泡立て器ですくうと、クリームの先が立つまで泡立てます。

缶汁をまんべんなく塗ってパンにしみ込ませます。

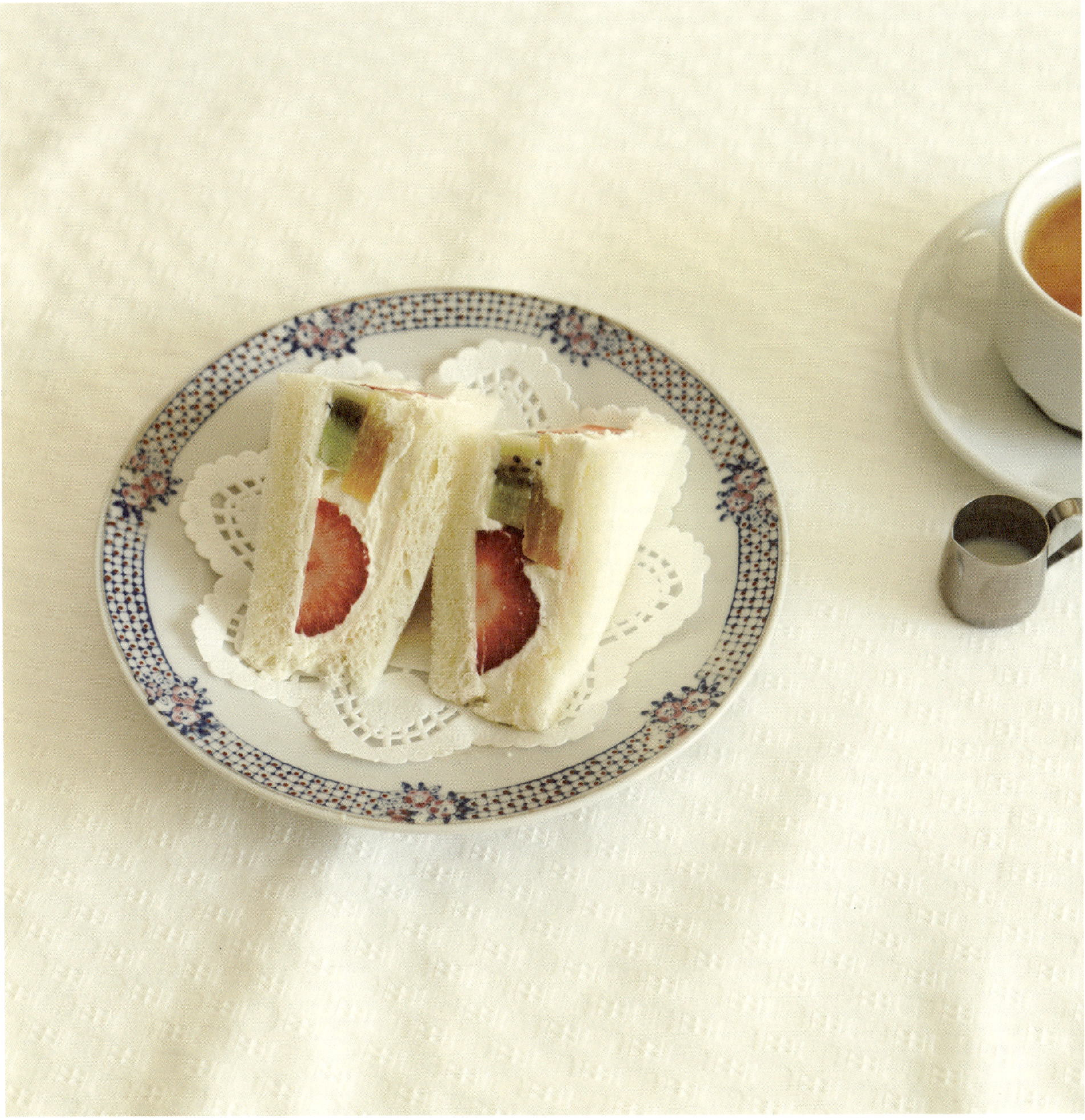

ストロベリーチーズクリームサンド

ピンクカラーの
チーズクリームがキュート！
いちごの甘い香りで
爽やかな味わいです。

材料（2人分）

[ストロベリーチーズクリーム]
（つくりやすい分量）
- いちご　1コ
- クリームチーズ*　50g
- 生クリーム　カップ1/4
- 砂糖　大さじ2

[シロップ]
（つくりやすい分量）
- 水　大さじ2
- 砂糖　大さじ1

- 食パン（8枚切り）　2枚
- いちご　4コ

＊常温に戻して柔らかくしておく。

1人分 250kcal　調理時間15分

● 下ごしらえをする

1　いちごはヘタを取り、縦半分に切る。

● ストロベリーチーズクリームをつくる

2　いちごはヘタを取り、つぶす。クリームチーズをボウルに入れて泡立て器でクリーム状に混ぜ、つぶしたいちごを加えて混ぜる。

3　生クリーム、砂糖を別のボウルに入れてツノが立つまで泡立てて、2に加えて混ぜる。

● いちごとストロベリーチーズクリームをはさむ

4　シロップの材料を耐熱容器に合わせ、電子レンジ（600W）に20秒間かけてよく混ぜ、砂糖を溶かして粗熱を取る。

5　食パンの片面に4を薄く塗り、1枚のシロップを塗った側に3を適量のせて薄く広げる。中央に1のいちご3切れを縦に並べ、残りはあいたところに散らす。

6　5に3を適量のせて塗り、残りのパンのシロップを塗った側を下にして重ね、軽く押さえてなじませる。みみを切り落として縦半分に切る。

42

あんバターサンド

食パンに粒あんとバターをはさむだけの簡単サンド。冷えたバターのダイレクトな風味と、粒あんのコントラストを楽しみましょう。

材料（2人分）
食パン（4枚切り） 2枚
粒あん（市販） 60g
バター（5mm厚さに切ったもの）* 4コ

1人分 340kcal 調理時間5分

＊つくる直前まで冷蔵庫で冷やしておく。

● **食パンに切り込みを入れる**
1 食パンはみみを切り落として半分に切り、それぞれ厚みの中央に切り込みを入れ、袋状にする。

● **バターと粒あんをはさむ**
2 1のパンの切り込みにバターを1コずつ入れ（写真❶）、粒あんを¼量ずつ詰める（写真❷）。

切り込みの中に冷えたバターを入れます。

バターの横に粒あんを入れ、はさみます。

ラップサンド

ピタパン、トルティーヤ、
クレープなどの薄い生地の代わりに
食パンでつくります。
軽くトーストしてカリッと香ばしさを出し、
麺棒で薄くのばすのがポイントです。
鶏肉の照り焼き＆野菜、
アボカド＆サーモンの
2つの味が楽しめます。

チキンラップサンド

材料（2人分）

食パン（10枚切り）　4枚
鶏もも肉　1枚（250g）
好みのレタス　4枚
きゅうり（せん切り）　¼本分
A ┌ にんじん（せん切り）　30g
　└ ねぎ（白い部分／せん切り）　5cm分

【たれ】
┌ しょうゆ・酒・はちみつ　各大さじ1
└ にんにく（すりおろす）　½かけ分

塩・黒こしょう（粗びき）　各少々
かたくり粉　適量
サラダ油　大さじ1
マヨネーズ　適量

1人分 420kcal　調理時間20分

● **鶏肉を照り焼きにする**

1　鶏肉は4等分に切って塩、黒こしょうをふり、かたくり粉をしっかりまぶす（写真❶）。

2　フライパンにサラダ油を中火で熱し、1の鶏肉を皮側を下にして並べ、こんがりと焼く。上下を返し、反対側も同様に焼く。

3　2にふたをして3分間ほど蒸し焼きにし、肉から出た余分な脂をペーパータオルで拭き取る。たれを混ぜて加え、肉にからめて照り焼きにし（写真❷）、縦半分に切る。

● **食パンを焼いて薄くのばす**

4　食パンはみみを切り落とし、少し焼き色がつくまでオーブントースターで焼く。トーストの上に麺棒を転がし、薄くのばす（写真❸）。

● **具をのせて巻く**

5　4にレタスを1枚ずつのせ、Aと3を等分に重ねてマヨネーズをかける。左右を軽く曲げて巻き（写真❹）、ラップやワックスペーパーで包む。

アボカドサーモンラップサンド

材料（2人分）

食パン（10枚切り）　4枚
アボカド　½コ
スモークサーモン　8枚
クリームチーズ　20g
A ┌ きゅうり（細切り）　¼本分
　└ 紫たまねぎ（薄切り）　⅛コ分
好みのレタス　4枚
レモン汁・マヨネーズ　各適量

1人分 350kcal　調理時間10分

● **下ごしらえをする**

1　アボカドは種と皮を取って縦に8等分に切り、レモン汁をからめる。クリームチーズは4等分の棒状に切る。

● **食パンを焼いて薄くのばす**

2　食パンは「チキンラップサンド」のつくり方4と同様に焼き、薄くのばす。

● **具をのせて巻く**

3　2にレタスを1枚ずつのせ、Aと1のチーズを等分に重ねてマヨネーズをかける。アボカドとスモークサーモンを等分に重ねる（写真❺）。左右を軽く曲げて巻き、ラップやワックスペーパーで包む。

❺ レタスにのせる具の順番は、ランダムでOK。

❹ パンの左右を軽く寄せるようにして、具を巻きます。

❸ トーストした食パンを麺棒でのばし、巻きやすくします。

❷ 肉にたれをスプーンで回しかけながら、よくからめます。

❶ かたくり粉をまぶすことで、カリッとジューシーに焼き上がります。

バイン・ミー風ベトナムサンド

フランスパンを使ったベトナムの定番サンドイッチを食パンでアレンジ。食パンのみみに切り込みを入れ、具をはさめるように工夫しました。みみはカリッ、中はふんわり。そして本式のバイン・ミーより食べやすいのが特徴です。

香菜（シャンツァイ）
別名パクチー、コリアンダー。アジア諸国で多様に活用される刺激的な香りをもつ野菜。

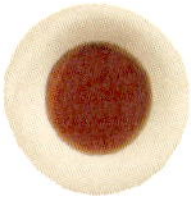

ナムプラー
小魚を塩漬け、発酵させたタイの魚醤。独特のうまみと香りがある。ベトナムの魚醤・ニョクマムを使ってもよい。

材料（2人分）

食パン（4枚切り） 2枚

[ベトナムなます]
大根 2cm（80g）
にんじん 1/3本
塩 小さじ1/2
砂糖 大さじ1
酢 大さじ3

[チキンパテ]
鶏ささ身 2本
マヨネーズ 大さじ2
塩・黒こしょう（粗びき） 各少々

きゅうり 1/2本
香菜（シャンツァイ） 1株
ベーコン*1 4枚
ナムプラー*2 適量

1人分 550kcal 調理時間 30分*2
*1 あれば厚切りのものがよい。
*2 ベトナムなますの野菜に塩をふっておく時間、砂糖と酢をからめておく時間は除く。

1 ●ベトナムなますをつくる
大根、にんじんは細切りにし、塩をふって10分間ほどおき、しんなりしたら水けを絞る。砂糖、酢を順に加えてからめ（写真❶）、さらに10分間ほどおき、汁けを軽く絞る（堅く絞るとパサパサになるので、汁けを少し残したほうがみずみずしくておいしい）。

※ベトナムなますは、密閉容器に入れて冷蔵庫で2～3日間保存可能。

2 ●チキンパテをつくる
ささ身は熱湯で2～3分間ゆでて粗熱を取り、あれば筋を取り除いて適当な大きさに裂く。すり鉢に入れ、すりこ木ですりつぶす。マヨネーズ、塩、黒こしょうを加えてゴムべらで混ぜる（写真❷）。

3 ●野菜を切り、ベーコンを焼く
きゅうりは斜め薄切りにする。香菜は7～8cm長さに切る。

4 フライパンを中火で熱してベーコンを入れ、両面をこんがりと焼く。

5 ●みに切り込みを入れ、食パンを焼く
食パンは半分に切り、それぞれのみみのほうから厚みの半分に切り込みを入れる（写真❸）。この切り込んだ内側に具をはさむので、切り離さないように、切り口側を1cmほど残す。

6 5の両面をオーブントースターでこんがりと焼く。

7 ●具をはさむ
6の切り込んだ部分の内側に2のチキンパテの1/4量を塗り（写真❹）、3のきゅうり、4のベーコン、1のベトナムなますの各1/4量をはさむ。具にナムプラーをかけ（写真❺）、3の香菜の1/4量をはさむ。残りも同様につくる。

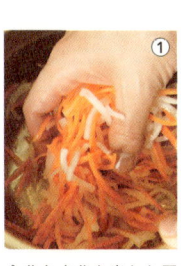

❺ 具を彩りよくはさんだら、ナムプラーを全体にふりかけて。

❹ パンの切り込みの内側にチキンパテをたっぷりと塗り広げます。

❸ 半分に切ったパンをねかせ、厚みの半分にみみ側から切り込みを入れます。

❷ ささ身がペーストになったら、調味料を加えて混ぜ、味をつけます。

❶ 余分な水分を出した野菜に砂糖と酢を加え、手でよくからめて。

ホットドッグ

ホットドッグ用のパンがなくても、食パンで楽しめる、ワザあり！レシピ。左右2辺のみみを残して片面だけをトーストすると、緩やかなアーチ形に折り曲がります。内側はサクッ、外側はふんわりの食感も楽しい。

材料（2人分）

- 食パン（6枚切り） 2枚
- ウインナーソーセージ（大） 2本
- キャベツ（せん切り） ½枚分
- トマトケチャップ 適量
- フレンチマスタード 適量
- バター＊ 適量

＊常温に戻して柔らかくしておく。

1人分 280kcal　調理時間10分

● 下ごしらえをする

1. 食パンは上下2辺のみみを切り落とす（写真①）。左右2辺のみみは残しておく。
2. ウインナーソーセージは耐熱皿にのせてラップをフワッとかけ、電子レンジ（600W）に20秒間ほどかける。

※ソーセージは電子レンジで軽く温めてから焼くと、プリッとした食感になる。ただし、表面の皮がはじける前に取り出す。皮が破けてしまうと、うまみが流出してしまう。

● ソーセージをのせて焼く

3. 1のパンの片面にバターを薄く塗り、バターを塗った側を上にし、残ったみみが左右になるように天板に置く。パンの中央に2のソーセージを1本ずつのせ（写真②）、オーブントースターで3～4分間こんがりと焼く。

● キャベツをはさんで仕上げる

4. 3を取り出し、ソーセージとパンの間にキャベツを半量ずつはさむ（写真③）。
5. 4のパンのみみを左右にして手にのせ、具を軽く包むように内側に折り曲げ、トマトケチャップ、マスタードをかけて（写真④）、食べる。

みみの上下2辺を包丁で切り落とします。

ソーセージを左右のみみと平行にのせます。

キャベツをパンに敷いたら、ソーセージを再びのせます。

トマトケチャップ、マスタードを順にかけて仕上げます。

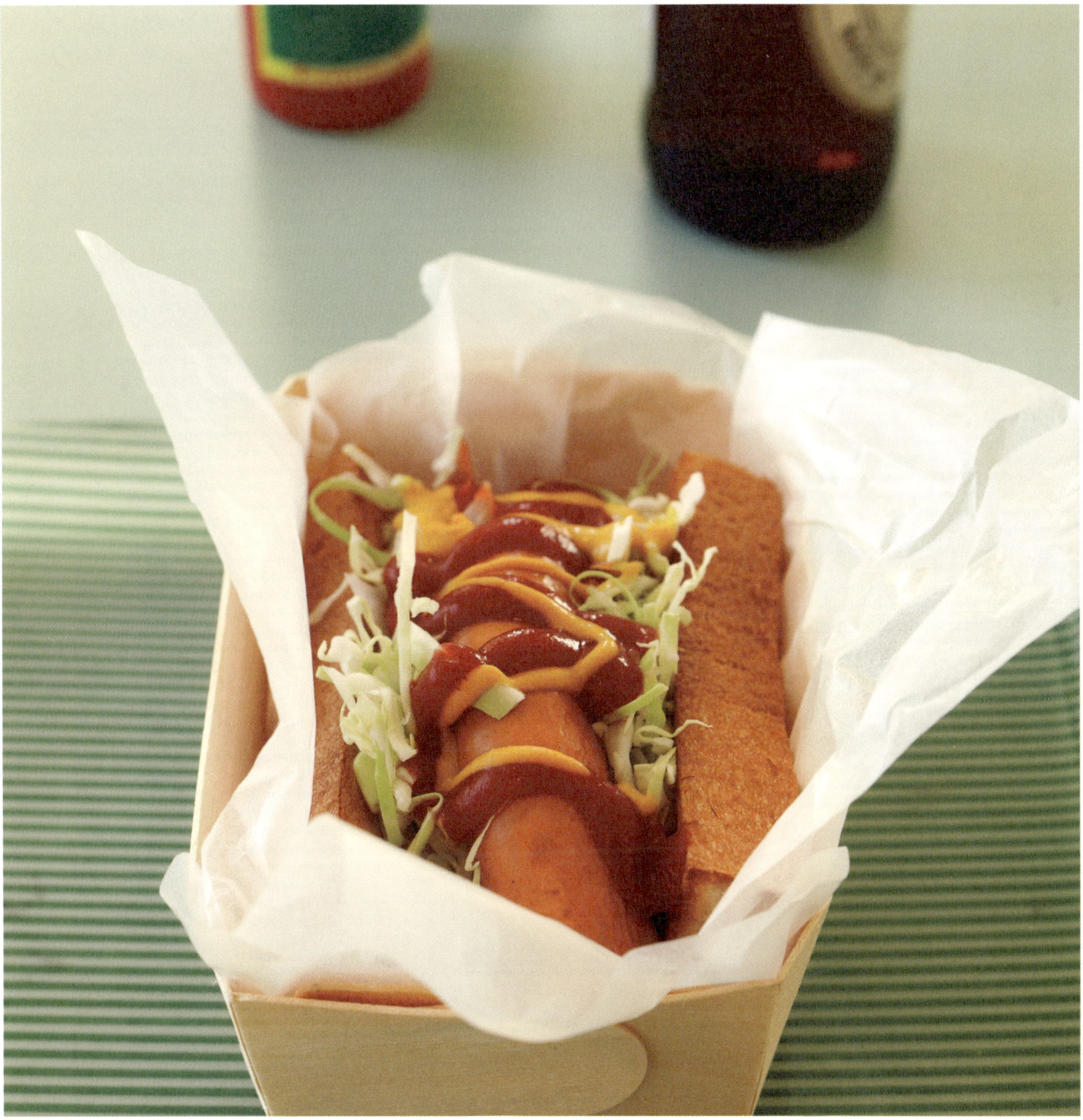

シカゴドッグ

シカゴのホットドッグはピクルス入りが特徴。ケチャップはかけずに、さっぱりと仕上げます。

材料（2人分）
- 食パン（6枚切り） 2枚
- ウインナーソーセージ（大） 2本
- たまねぎ ⅛コ
- トマト ¼コ
- きゅうりのピクルス（市販）（大） ½本
- バター* 適量
- 黒こしょう（粗びき） 少々

* 常温に戻して柔らかくしておく。

1人分 280kcal　調理時間15分

● 下ごしらえをする

1　たまねぎは粗みじん切りにして水に5分間ほどつける。ざるに上げて水けをきり、ペーパータオルで包んで水けを拭く。トマトはヘタを取り、1cm角に切る。ピクルスは縦半分に切る。

2　食パンは上下2辺のみを切り落とす。左右2辺のみは残しておく。

3　ウインナーソーセージは耐熱皿にのせてラップをフワッとかけ、電子レンジ（600W）に20秒間ほどかける。

● ソーセージをのせて焼く

4　2の片面にバターを薄く塗り、バターを塗った側を上にし、残ったみみが左右になるように天板に置く。パンの中央に3のソーセージを1本ずつのせ、オーブントースターで3〜4分間こんがりと焼く。

● 野菜をのせて仕上げる

5　4に1の野菜をのせて黒こしょうをふる。パンのみみを左右にして手にのせ、具を軽く包むように内側に折り曲げて食べる。

パウンド型でつくるミニ食パン

さっくりパンとどっしりパン

食パン食を極めるならば、粉からこねて自分の手で焼いてみるのがいちばん！パウンド型でつくるレシピなので、食パン専用の型がなくても手軽にできます。さっくりタイプと、どっしりタイプ。同じ生地で2種類の食パンがつくれます。牛乳やバターたっぷりのリッチな食パンもありますが、僕のレシピはシンプルで、素朴な味わい。卵アレルギーの息子と楽しめるパンを、という思いからつくりました。

材料（6㎝×18㎝×深さ8㎝のパウンド型2台分）

ドライイースト　小さじ2
砂糖　大さじ2
塩　小さじ1
ぬるま湯　カップ1
強力粉　300g
バター（食塩不使用）*1　15g
型用のバター（食塩不使用）　適量

全量1350kcal　調理時間1時間10分*2

*1　常温に戻して柔らかくしておく。
*2　発酵させる時間、ベンチタイムをとる時間は除く。

強力粉
バター（食塩不使用）
ぬるま湯
塩
砂糖
ドライイースト

さっくりパン

発酵を2回行う正統派のレシピで焼く食パンは、さっくりと軽い食感。シンプルな配合なので、粉の風味がしっかり楽しめます。

◉生地をつくる

1 ボウルにドライイースト、砂糖、塩を入れ、分量のぬるま湯から大さじ2を加える。ゴムべらでサッと混ぜ、残りのぬるま湯と強力粉を一気に加えて混ぜ、なじませる。

2 生地がまとまってきたらボウルの中でこね、一まとめにする。ボウルにはりついた粉も生地にくっつけて、まとめる。

◉生地をこねる

3 生地をこね台に取り出す。ボウルに残った生地はカードできれいにこそげ取り、生地にまとめる。

4 生地を手前から向こうにぐっと押して30cm長さくらいにのばし、手前に引いてまとめる。この作業を5分間ほど繰り返す。

5 生地がまとまってきたら片手で持ち、こね台にたたきつけ、手前から向こうに折る。生地の向きを90度変え、同様にする。この作業を30回ほど繰り返す。

6 両手を交互に使って、生地を手前から奥にのばし、手前に引いてまとめる。生地がなめらかになるまで、この作業を10分間ほど繰り返す。

7 生地を広げて中央にバターをのせ、手前から向こうに折って包む。

8 生地を手前から向こうにぐっと押し、手前に引いてまとめる。向きを90度変え、同様にする。この作業を5分間ほど繰り返し、なじませる。

⑨ 一次発酵させる

生地を両手で持ち、表面をのばすようになめらかにして丸め、合わせ目をつまんでとじる(つくり方⑫参照)。こね台に置き、両手で軽く転がして形を丸く整える。ボウルに型用のバターを薄く塗り、生地をとじ目を下にして入れる。水でぬらして堅く絞った布巾をかけ、約2倍にふくらむまで温かいところに30分〜1時間おき、発酵させる。

↓

発酵チェック!

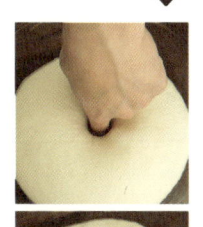

生地の中央に指を差して抜き、穴が残ったままであれば、発酵完了。穴がすぐになくなるようなら発酵不足なので、もう少しおく。

⑩ 分割する

生地をこね台にやさしく取り出し、手のひらで軽く押さえてガス抜きをする。

⑪

カードで縦横4等分に切る。

⑫

生地を1コずつ表面をのばすようになめらかにして丸め、合わせ目をつまんでとじる。こね台に置き、両手で軽く転がして形を丸く整える。

⑬ ベンチタイムをとる

こね台にオーブン用の紙を広げ、生地をとじ目を下にしてのせる。水でぬらして堅く絞った布巾をかけ、20分間ほどおいて生地を休ませる。

⑭ 二次発酵させて焼く

つくり方⑩と同様にガス抜きをし、つくり方⑫と同様に丸める。パウンド型に型用のバターを薄く塗り、生地を2コ、とじ目を下にして入れ、天板にのせる。型がもう1台あれば、残りの生地も同様にする。型が1台しかなければ、天板にオーブン用の紙を敷き、残りの生地をとじ目を下にしてのせる。水でぬらして堅く絞った布巾をかけ、約2倍にふくらむまで温かいところに30分〜1時間おき、発酵させる。

⑮

200℃に温めたオーブンに入れ、20分間ほど焼く。焼き上がったらすぐに型から出して網などにのせ(やけどに注意)、冷ます。

丸パン

同じ生地なのに、また違った味わい。
表面はパリッと香ばしく、
中はサクッ、ふんわり。
型が一つしかないので
生まれたレシピですが、
いっぺんに2種類のパンが焼けて、
楽しみも2倍。

どっしりパン

発酵が1回だけのラクラク食パンは、きめが詰まったどっしりタイプ。かみごたえがあり、ドイツパン風のおいしさが楽しめます。

● 生地をつくる、こねる、一次発酵させる ①

<mark>さっくりパン</mark>（P.52〜53参照）のつくり方①〜⑨と同じ材料の分量で同様につくる。

● 分割する ②

生地をこね台にやさしく取り出し、手のひらで軽く押さえてガス抜きをする。カードで半分に切る。

③

生地を1コずつ表面をのばすようになめらかにして丸め、合わせ目をつまんでとじる。こね台に置き、両手で軽く転がして形を丸く整える。

● ベンチタイムをとる ④

パウンド型に型用のバターを薄く塗り、生地をとじ目を下にして入れる。水でぬらして堅く絞った布巾をかけ、20分間ほどおいて生地を休ませる。

● 焼く ⑤

④を天板にのせ、200℃に温めたオーブンに入れて25分間ほど焼く。焼き上がったらすぐに型から出して網などにのせ（やけどに注意）、冷ます。

食べ方は自由！ワイルドに手で裂いて、ちぎって、豪快に頬張るのもおいしい！

焼きたてパンのお楽しみ

さっくりパンは、バターを塗って食べる。

どっしりパンは、オリーブ油につけて食べる。

おいしさキープの保存方法

冷めたら食べやすい大きさに切り、1枚ずつラップで包む。ジッパー付きポリ袋にまとめて入れ、密封して冷凍する。おいしく保存できる期間は約2週間。食べるときは、凍ったままオーブントースターで焼く。

54

第 三 章

おやつパン

食パンは、器用で賢い。
素朴なおやつや、
洒落たデザートにだって変身できる。
食パンがあれば、朝食はもちろん、
3時のおやつも安心。

ラスク

本来は、食パンをごく低温のオーブンに長時間かけて水分をとばしますが、僕のレシピは、温度を高くして短時間で乾燥させるので手軽に楽しめます。おやつに合う甘いフレーバーのものと、お酒にも合うスパイシーなものをミックスしました。

材料（つくりやすい分量）

食パン（10枚切り） 2枚

【ガーリックバター】
バター*1 10g
にんにく（すりおろす） 少々
パセリ（みじん切り） 少々

【シナモンシュガー】
バター*1 10g
グラニュー糖 大さじ1½
シナモン（粉） 大さじ1

【ペッパーチーズ】
バター*1 10g
パルメザンチーズ（すりおろす） 大さじ1
黒こしょう（粗びき） 少々

【アイシング】
粉砂糖 大さじ2
卵白 約小さじ1
レモン汁 少々

ガーリックバター 1枚分 30kcal
シナモンシュガー 1枚分 50kcal
ペッパーチーズ 1枚分 40kcal
アイシング 1枚分 45kcal

調理時間 45分*2

*1 常温に戻して柔らかくしておく。
*2 冷ます時間は除く。

---

1 食パンを切る
食パンは1枚を8等分に切り、16枚にする。

2 トッピングの材料をつくる
ガーリックバター、シナモンシュガー、ペッパーチーズの材料をそれぞれ混ぜ合わせる（写真①）。

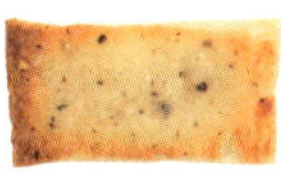

3
アイシングをつくる。ボウルに粉砂糖を入れて卵白を少しずつ加えて（写真②）、小さな泡立て器でふんわり白っぽく、トロリとするまで混ぜる（写真③）。最後にレモン汁を加えて混ぜる。

4 食パンを焼く
1を天板に並べ、150℃に熱したオーブンで10分間ほど焼く。全体が乾いたら取り出し（写真④）、2を4枚ずつに塗り、残り4枚はバターを等分に塗ってから3のアイシングを塗る（写真⑤）。

5 トッピングをし、再び焼く
4を再びオーブンに入れ（写真⑥）、150℃で15分間ほど焼いて取り出し、冷ます。

※ 密閉容器や瓶、缶に入れて常温で2〜3日間保存可能。

---

① それぞれバターとほかの材料をよく練り混ぜます。

② 卵白は一気に混ぜるとダマになりやすいので、少しずつ加えて。

③ 泡立て器ですくうと、トロリと落ちるくらいまで混ぜます。

④ 食パンは低温のオーブンで乾かすように焼きます。

⑤ パンの表面全体に、スプーンで均一に塗り広げます。

⑥ トッピングをしたパンを、低温のオーブンで乾かすように焼きます。

シナモンシュガー　ガーリックバター
アイシング　ペッパーチーズ

かりんとう

食パンのみみでつくるかりんとうは、
カリッとした食感、
しっとりとした口当たり。
みつはどちらも焦がすくらいまで
しっかり火を通します。
白みつはカラメルのように茶色になったら、
みみを加えるサイン。
黒みつは色では判断しづらいので、
焦げたにおいがたつのを
サインにしてください。

黒糖かりんとう

材料（つくりやすい分量）
食パン（10枚切り）のみみ 5枚分
【黒みつ】
　黒砂糖（粉）*1 100g
　水 大さじ1
バター 20g
黒ごま 大さじ1½

全量760kcal　調理時間15分*2

*1 塊の場合は細かく刻む。
*2 冷ます時間は除く。

● みみを焼く
1　食パンのみみは長さを半分に切る。
2　フライパンにバターを弱火で溶かして1を入れ、フライパンを絶えず動かしながら、こんがりと焼く（写真❶）。カリッとしたらバットなどに取り出して冷ます。

● 黒みつをつくり、仕上げる
3　小さめの鍋に黒みつの材料を入れて中火にかけ、均一に火が通るように鍋を傾けながら2〜3分間煮る。
4　大きな泡が立ち、焦げたような香ばしい香りがしたら（写真❷）、2と黒ごまを加えて手早くからめ（写真❸）、網などに広げてカリッとするまで冷ます。

❸ 耐熱性のゴムべらなどで手早く、まんべんなくからめます。

❷ 大きな泡が立って焦げたにおいがしたら、みみを加えるサイン。

❶ みみの水分をとばすようにフライパンを揺すり、バターをしみ込ませて。

白ごまかりんとう

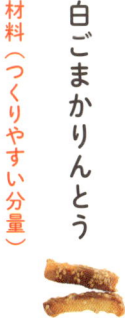

材料（つくりやすい分量）
食パン（10枚切り）のみみ 5枚分
【白みつ】
　グラニュー糖 100g
　水 大さじ1
バター 20g
白ごま 大さじ1½

全量790kcal　調理時間15分*

* 冷ます時間は除く。

● みみを焼く
1　「黒糖かりんとう」のつくり方1〜2と同様に食パンのみみを焼く。

● 白みつをつくり、仕上げる
2　小さめの鍋に白みつの材料を入れて中火にかけ、均一に火が通るように鍋を傾けながら2〜3分間煮る。
3　大きな泡が立ち、全体が薄い茶色に色づいてきたら、1と白ごまを加えて手早くからめ、網などに広げてカリッとするまで冷ます。

59

パンプディング

食パンとは思えないほど、とろけるようになめらか。卵液は一気にパンに吸わせると堅くなるので、2回に分けてしみ込ませます。半量の卵液をパンが含んでしっとりしてから、残りをしみ込ませるのがコツ。まさにプリンの味わい！と感動まちがいなしです。

材料（2〜3人分）

食パン（6枚切り） 一枚

【卵液】
- 牛乳 カップ一
- 生クリーム カップ½
- 卵 2コ
- 砂糖 50g
- バター 10g
- レーズン 20コ

【カラメルソース】
- グラニュー糖 50g
- 水 大さじ一
- 熱湯 大さじ2

全量 1280 kcal　調理時間 35分

● 食パンに卵液をしみ込ませる

1. 食パンは縦横3等分に切って9等分にし、ココットなどの耐熱容器に分け入れる。卵液の材料を混ぜ合わせ、半量ほどを、1に等分に流し入れる（写真❶）。パンにしみ込んだら残りの卵液を流し入れ、パンがしっとりするまでしばらくおく。

2. 小さくちぎったバターとレーズンをそれぞれ等分に、2に散らす。

● プディングを焼く

3. 3を天板にのせ、200℃に温めたオーブンで15〜20分間焼く。

● カラメルソースをつくる

4. 小さめの鍋にグラニュー糖と水を入れて中火にかけ、鍋を傾けながら、全体が濃いきつね色になるまで煮詰める。熱湯を少しずつ加えて混ぜる（写真❷）。火を止めて粗熱を取り、4に等分にかける。

❷ はねやすいので、熱湯は一気にではなく、少しずつ加えて。やけどに注意。

❶ パン全体に卵液がしみ込むように、まんべんなく回しかけます。

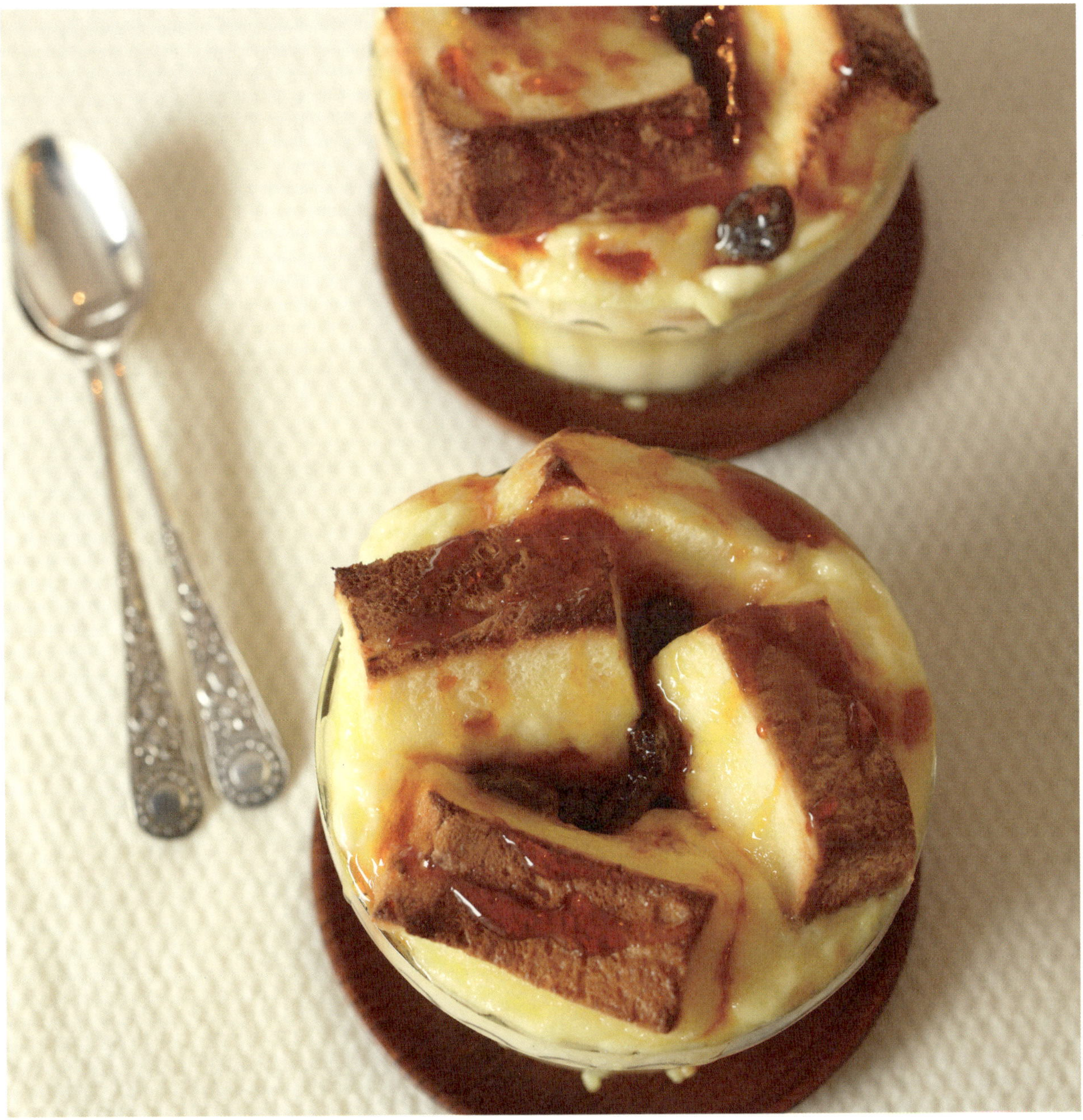

トライフル

スポンジやカステラでつくるトライフルを、食パンで手軽にアレンジ。
食パンはフレンチトースト風に甘く焼いてリッチに仕上げるのが僕流です。
そのぶん、ソースは生クリームにヨーグルトを混ぜて爽やかに仕上げます。
軽やかなのでデザートにはもちろん、朝食にもおすすめです。

材料（2人分）

食パン（5枚切り） 1枚

【卵液】
- 牛乳 カップ1/2
- 卵 1/2コ
- 砂糖 大さじ2
- ラム酒 少々

【ヨーグルトクリームソース】
- プレーンヨーグルト（無糖） カップ1/2
- 生クリーム カップ1/2
- グラニュー糖 大さじ2

- いちご 適量
- ラズベリー・ブルーベリー 各適量
- ミントの葉 適量
- バター 10g

1人分 480kcal 調理時間30分*

*ヨーグルトクリームソース、食パンを冷やす時間は除く。

1 ● ヨーグルトクリームソースをつくる

生クリーム、グラニュー糖をボウルに入れて泡立て器で六分立てにする（泡立て器ですくうとトロリと落ちるくらいが目安）。ヨーグルトを加え（写真❶）、なめらかに混ぜて冷蔵庫で冷やす。

2 ● 食パンを卵液に浸して焼く

食パンはみみを切り落とし、縦横4等分に切って16等分にする。バットに並べ、卵液の材料を混ぜて回しかける。5分間ほどおき、味をしみ込ませる。途中、上下を返して両面を浸す（写真❷）。

3

フライパンにバターを弱火で溶かし、2のパンを並べ入れる。菜箸で転がしながら、全体がうっすらと色づくまで焼き（写真❸）、バットなどに取り出す。粗熱を取り、ラップをして冷蔵庫で冷やす。

4 ● 仕上げる

いちごはヘタを取り、縦半分に切る。器に3のパン、1のヨーグルトクリームソース、いちご、ラズベリー、ブルーベリーを彩りよく盛り、ミントの葉を添える。

❶ 生クリームにヨーグルトを加え、爽やかさをプラス。

❷ パンの全体に、卵液をたっぷりと含ませるように浸します。

❸ 焦がさないように弱火でゆっくりと、バターの香りをつけながら色よく焼きます。

カフェトライフル

イタリアの定番デザート、ティラミス風のトライフル。コーヒーは残ったものやインスタントでもOKです。

材料（2人分）

- 食パン（5枚切り） 1枚
- コーヒー（濃いめにいれたもの） カップ1

[チーズクリームソース]
- クリームチーズ* 100g
- 生クリーム 100g
- グラニュー糖 大さじ2
- ココア 適量

＊常温に戻して柔らかくしておく。

1人分 500kcal　調理時間 20分

● 食パンをコーヒーに浸す

1. 食パンはみみを切り落とし、縦横4等分に切って16等分にし、バットに並べる。コーヒーを回しかけて5分間ほどおき、味をしみ込ませる。途中、上下を返して両面を浸す（写真❶）。

● チーズクリームソースをつくる

2. クリームチーズはなめらかに混ぜる。生クリーム、グラニュー糖をボウルに入れ、泡立て器で六分立てにする。こにクリームチーズを加えなめらかに混ぜる。

● 仕上げる

3. 器に1のパン、2のチーズクリームソースを彩りよく盛り、ココアをふる。

濃いコーヒーを回しかけ、全体にたっぷりと含ませます。

生クリームにクリームチーズを加え、コクをプラス。

第四章

ごちそうパン

食パンで、料理をつくる。
サラダやスープ、オーブン料理、
エトセトラ。酒のつまみや
パーティーメニューにも、もってこい！

カレーパン

食パンでつくったとは思えないほど、本格的なカレーパンです。
サクッとした軽い食感の秘けつは、パンを薄くのばして余分な油を吸わせないこと。
そしてパン粉をまぶすことで、さらにサクサク感がパワーアップ。
カレーはダラリとたれないように、小麦粉でとろみをつけます。

カレーパン

材料（4コ分）
- 食パン（8枚切り） 4枚
- [カレーペースト]
  - 牛切り落とし肉 80g
  - トマト（小） 1コ
  - たまねぎ（薄切り） ½コ分
  - にんにく（すりおろす） 1かけ分
  - しょうが（すりおろす） 1かけ分
  - クミンシード 大さじ½
  - カレー粉 大さじ1
  - サラダ油 大さじ2
  - 小麦粉 小さじ½
  - 塩 適量
  - 黒こしょう（粗びき） 少々
- 溶き卵・パン粉 各適量
- 揚げ油 適量
- パセリ（乾）・パプリカ（粉） 各少々

1コ分 360kcal　調理時間 25分

●カレーペーストをつくる

1 牛肉は粗く刻む。トマトはヘタを取り、粗く刻む。

2 フライパンにサラダ油大さじ1を熱し、たまねぎを入れて弱火で炒める。しんなりしたら、にんにく、しょうが、クミンシードを加えて炒める。香りがたったら、牛肉を加えて炒め合わせる。

3 肉の色が変わったら、カレー粉、小麦粉、サラダ油大さじ1を加えて炒める。油がなじんだら、1のトマト、塩小さじ½を加える。1のトマトを木べらでつぶしながら、ペースト状になるまで煮詰め、塩少々、黒こしょうで味を調える。

●食パンでカレーペーストを包んで揚げる

4 食パンはみみを切り落とし、麺棒で薄くのばす（写真①）。

5 4のパン1枚の手前または奥半分のスペースに3のカレーペーストの¼量をのせ、半分に折り曲げてカレーペーストを包む。パンの縁を木べらなどで上からギュッと押さえつけ、くっつける（写真②）。残りも同様につくる。

6 5を溶き卵にくぐらせてパン粉をまぶす。

7 揚げ油を170℃に熱し、6を入れて両面をこんがりと揚げる。取り出して油をきり、パセリ、パプリカをふる。

＊一度水でぬらして拭いた菜箸の先端を鍋底の中央につけると、細かい泡がスーッと上がってくる温度が目安。

クミンシード
カレー粉に欠かせないスパイスで、ほろ苦く個性的な香りを持つ。

パプリカ（粉）
辛みがほとんどないとうがらしを乾燥して粉末にしたスパイス。色づけや香りづけによく使われる。

① 薄くのばすことで、カリッと揚がります。

② パンどうしを押さえつけて、くっつけます。

ケンテツ流アレンジ
カレーポテトサンド

カレーが余った翌日の朝食におすすめ！小麦粉の代わりにじゃがいもでとろみをつけるのがポイントです。

材料（2人分）
- 食パン（6枚切り） 2枚
- カレー（残り物または市販） 40g
- じゃがいも ½コ
- レタス 1～2枚
- 塩・黒こしょう（粗びき） 各少々
- マヨネーズ 適量

1人分 270kcal　調理時間 15分

1 じゃがいもは皮をむき、ラップで包んで電子レンジ（600W）に2～3分間かける。ボウルに入れ、フォークでつぶす。1にカレーを加え、さらにつぶしながら混ぜ、塩、黒こしょうで味を調える。

2 食パンをトーストし、片面にマヨネーズを薄く塗る。1枚のマヨネーズを塗った側に、パンの大きさに合わせてちぎったレタスをのせ、その上に2をのせる。もう1枚のマヨネーズを塗った側を下にして重ね、斜め半分に切る。

パングラタン

ホワイトソースよりずっと簡単、混ぜるだけでOK！の卵液で手軽にできるグラタンです。パンのみみを卵液から出してカリッと焼き上げ、具はランダムに散らすのがポイント。軽めの味わいなので、パン自体の風味がしっかり楽しめます。具は鶏肉や白身魚、アスパラガスやカリフラワーもおすすめです。

材料（2人分）

食パン（6枚切り）　2枚
ロースハム　2枚
ブロッコリー　¼コ
たまねぎ　½コ
［卵液］
　卵　2コ
　牛乳・生クリーム　各カップ
　塩・黒こしょう（粗びき）　各少々
ピザ用チーズ　50g
サラダ油　少々
バター　10g
塩・黒こしょう（粗びき）　各適量

1人分 850kcal　調理時間 40分

● 下ごしらえをする

1　食パンは1枚を縦横3等分に切って9等分にする。

2　ハムは2cm四方に切る。たまねぎは縦に薄切りにする。ブロッコリーは小房に分け、熱湯で2分間ほどゆでる。

3　卵液の材料をボウルに混ぜ合わせる。

● 具を炒める

4　フライパンにサラダ油を熱し、2のたまねぎを入れて中火で炒める。しんなりしたら、ハム、ブロッコリー、バターを加えてサッと混ぜる。塩、黒こしょうで味を調える。

● オーブンで焼く

5　グラタン皿などの耐熱容器に1のパンを並べて4をのせ（写真❶）、3の卵液を流し入れる（写真❷）。卵液がしみ込んでパンがしっとりするまでしばらくおき、ピザ用チーズを散らす。

6　5を天板にのせ、200℃に温めたオーブンで20分間ほど焼く。竹串を刺して何もつかなければ焼き上がり。仕上げに黒こしょうをふる。

具をのせたら、全体をざっとならして。

卵液をまんべんなく流し入れます。

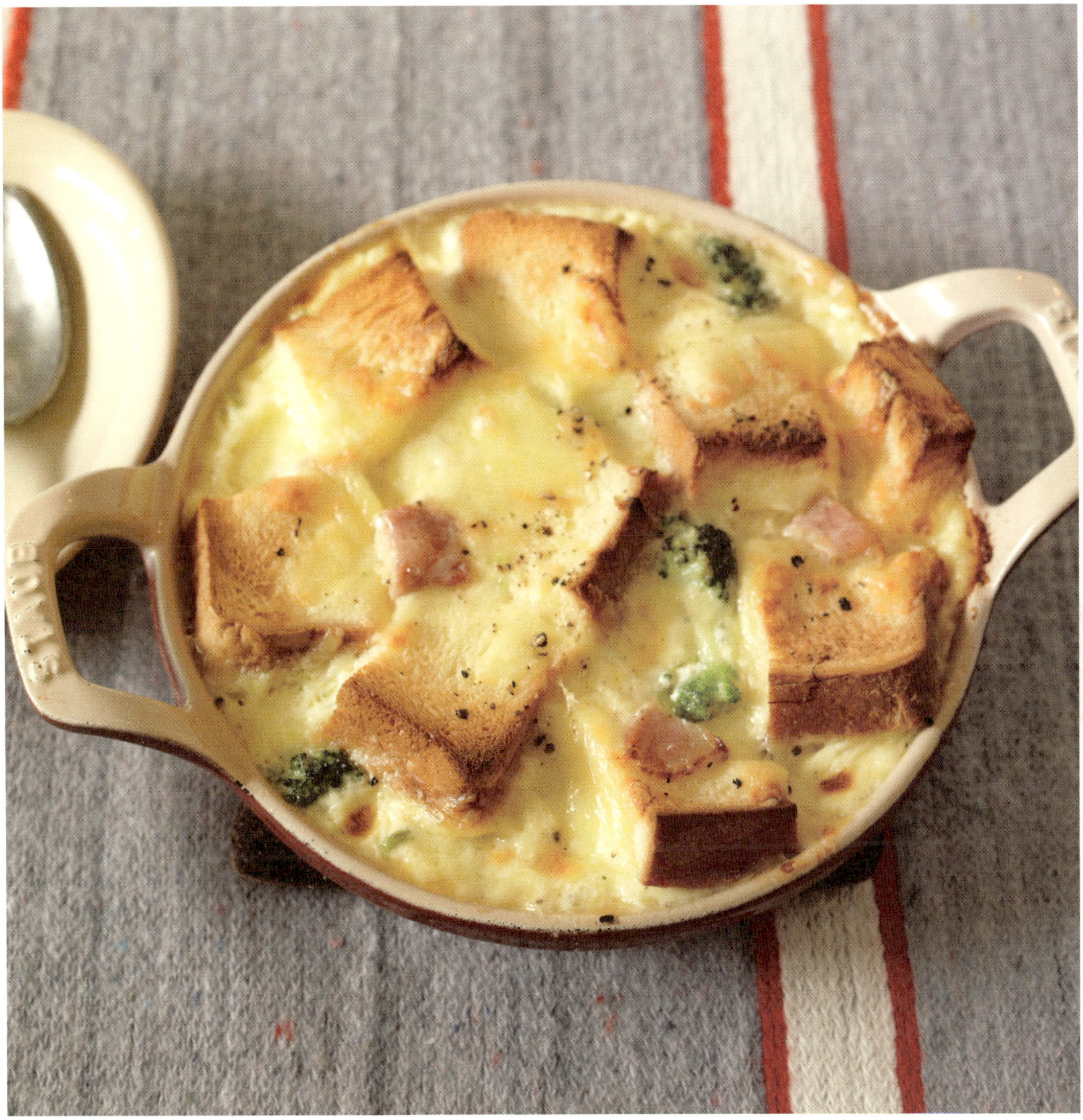

オニオングラタンスープ

本来はたまねぎを長く炒め、オーブンで長時間じっくりと加熱します。僕は短時間でもおいしくできるように、たまねぎは繊維を断ち切ってしんなりしやすくするし、砂糖をまぶして早く焼き色がつくようにしました。バゲットの代わりに食パンを使いますが、柔らかいので味が早くなじみます。

オニオングラタンスープ

材料（2人分）
- たまねぎ 1コ
- 食パン（8枚切り） 1枚
- ベーコン 2枚
- にんにく（すりおろす） 1かけ分
- パルメザンチーズ（すりおろす） 大さじ2
- ピザ用チーズ 40g
- 赤ワイン 大さじ2
- 砂糖 小さじ½
- オリーブ油 大さじ1
- バター 20g
- 塩・黒こしょう（粗びき） 各少々
- パセリ（みじん切り） 適量

1人分 410kcal　調理時間 45分

● 下ごしらえをする
1. たまねぎは縦半分に切って横に薄切りにし（写真❶）、砂糖をもみ込む（写真❷）。
2. 食パンは縦横半分に切って4等分にする。ベーコンは1cm幅に切る。

● 具を炒めて煮る
3. 鍋にオリーブ油を熱して1のたまねぎを入れ、しんなりするまで弱めの中火で10分間ほど炒める。
4. 3に2のベーコン（写真❸）、にんにくを加えてサッと炒め合わせ、赤ワイン、水カップ3を加える。煮立ったら弱火にし、10分間ほど煮る。バターを加え、塩、黒こしょうで味を調える。

● オーブンで焼く
5. 耐熱性のスープ皿に4を等分に入れ、パルメザンチーズを等分に加える（写真❹）。
6. 2のパンを2切れずつのせ、ピザ用チーズを等分に散らす。5を天板にのせ、220℃に温めたオーブンで15分間ほど焼き、パセリを散らす。

❶ しんなりと柔らかく仕上がるように、繊維を断ち切ります。

❷ 砂糖で甘みを補うことで、短時間で焼き色がつきます。

❸ たまねぎがきつね色になったら、ベーコンを加えます。

❹ 短時間で仕上げるので、2種類のチーズでコクをつけます。

ケンテツ流アレンジ
オニオングラタントマトスープ

材料（2人分）とつくり方
1. 「オニオングラタンスープ」のつくり方4で、水カップ3をトマトの水煮（缶詰／ホールタイプ）1缶（400g）＋水カップ1にかえる。そのほかはつくり方1～4と同じ材料で同様につくる。
2. 耐熱性のスープ皿に1を等分に入れ、食パンを2切れずつのせる。天板にのせ、220℃に温めたオーブンで15分間ほど焼く。パルメザンチーズ（すりおろす）・黒こしょう（粗びき）各適量を散らす。

1人分 450kcal　調理時間 45分

シーザーサラダ

食パンでクルトンをつくり、シーザーサラダに仕上げます。クルトンを味わうために、食パンは大きく厚めに切って存在感を出すのがポイント。揚げ焼きにするので外はカリッ、中はサクッ。油っぽくなく、トースト感覚の軽い味。電子レンジで簡単にできるポーチドエッグを野菜にあえて、まろやかな風味に仕上げます。

材料（2人分）

【クルトン】
（つくりやすい分量）
- 食パン（6枚切り） 2枚
- オリーブ油 大さじ5

- ローメインレタス 1コ
- 卵 1コ
- オリーブ油 小さじ1
- A
  - にんにく（すりおろす） 少々
  - 塩・黒こしょう（粗びき） 各適量
  - レモン汁 小さじ1
- B
  - マヨネーズ 大さじ2
  - プレーンヨーグルト（無糖） 大さじ1
- パルメザンチーズ（すりおろす） 大さじ2〜3
- 黒こしょう（粗びき） 少々

* 1人分 410 kcal　調理時間 15分*
* レタスを氷水につける時間は除く。

● クルトンをつくる

1　食パンは1枚を9等分に切る。

2　フライパンにオリーブ油を中火で熱し、1のパンを入れる。途中、上下を返して両面を揚げ焼きにする（写真❶）。

3　パンが油を吸ったら強火でカリッと焼き、厚手のペーパータオルに取り出して冷ます。

※ このレシピでは食パン1枚分（9コ）のクルトンを使う。残りはジッパー付きポリ袋に入れて冷凍保存し、スープの浮き身などに使うとよい。約3週間保存可能。

● サラダをつくる

4　ローメインレタスは洗って氷水につけ、パリッとさせる（写真❷）。

5　簡単ポーチドエッグをつくる。耐熱容器に水カップ2/3を入れ、その中に卵をそっと割り入れる。卵黄に軽く固まるまで電子レンジ（600W）に1〜2分間かける（写真❸）。卵の形が壊れないように、スプーンで静かにすくって取り出す。

※ 卵黄に竹串を刺すのは、電子レンジにかけている間に破裂しないようにするため。水の中なので、竹串を刺してもくずれない。

6　4のレタスの水けをよく拭いて食べやすくちぎり、ボウルに入れる。Aを加え、サッと混ぜてからめる。続いてBを混ぜて加え、あえる。

7　6に5のポーチドエッグ、パルメザンチーズ、3のクルトン9コを加えてサッとあえる。器に盛り、黒こしょうをふる。

❸ 卵を水に入れて電子レンジにかけると、ゆるめの柔らかい半熟に固まります。

❷ レタスは使う直前まで、軸を下にして氷水につけておき、パリッとした食感に仕上げます。

❶ こんがりと色づいたら上下を返し、油を吸わせながら、カリッと揚げ焼きにします。

ベーコントマトサラダ

シーザーサラダ（73ページ参照）をボリュームアップしてピリッとスパイシー仕立てに。

材料（2人分）

- クルトン（73ページ参照） 9コ
- ベーコン 2枚
- トマト 1コ
- ローメインレタス 1コ
- 卵 1コ
- A
  - オリーブ油 小さじ1
  - にんにく（すりおろす） 少々
  - 塩・黒こしょう（粗びき） 各少々
- B
  - マヨネーズ 大さじ2
  - プレーンヨーグルト（無糖） 大さじ1
  - カレー粉 小さじ1/3
- パルメザンチーズ（すりおろす） 大さじ1
- 黒こしょう（粗びき） 適量
- ホットペッパーソース 適宜

* 1人分 480 kcal 調理時間15分*
* レタスを氷水につける時間は除く。

ホットペッパーソース
ペースト状にした赤とうがらしに塩を加えて発酵させ、酢を加えて調味したピリ辛ソース。

● 下ごしらえをする
1 ベーコンは1枚を4等分に切り、フライパンに並べて中火にかけ、両面をカリッと焼く。トマトはヘタを取り、一口大に切る。ローメインレタスは洗って氷水につけ、パリッとさせる。

● 簡単ポーチドエッグをつくる
2 耐熱容器に水カップ2/3を入れ、その中に卵をそっと割り入れる。卵黄に竹串を刺し、卵白が軽く固まるまで電子レンジ（600W）に1〜2分間かける。卵の形が壊れないように、スプーンで静かにすくって取り出す。

● 仕上げる
3 1のレタスの水けを拭いて食べやすくちぎり、ボウルに入れる。Aを加え、サッと混ぜてからめる。トマト、ベーコン、クルトンを加えてサッとあえ、器に盛る。

4 3に2のポーチドエッグをのせ、Bを混ぜてかける。パルメザンチーズ、黒こしょうをふり、好みでホットペッパーソースをかける。

イタリアンえびパン

バジル&チーズ入りのえびペーストをパンに塗って揚げます。お酒のつまみに最高です。

材料（2人分）

食パン（10枚切り） 2枚
トマト 1/2コ

[えびペースト]
むきえび 80g
卵白 1/3コ分
バジル（乾） 小さじ1/2
ねぎ（みじん切り） 5cm分
塩・黒こしょう（粗びき） 各少々
粉チーズ 大さじ1
オリーブ油 適量

1人分 370kcal　調理時間 20分

● 下ごしらえをする

1　食パンは麺棒で薄くのばし、一枚を縦横半分に切って4等分にする。トマトはヘタを取り、1cm角に切る。

● えびペーストをつくる

2　むきえびは、背ワタがあれば竹串で取り除く。包丁で細かくたたいてボウルに入れ、残りのペーストの材料を加えて練り混ぜる。

● 食パンにえびペーストを塗って揚げ焼きにする

3　1のパンの片面に2のえびペーストを等分にのせ、薄く塗り広げる。

4　フライパンにオリーブ油を1cm深さに入れて中火で熱し、3のえびペーストを塗った側を下にして入れ、両面をこんがりと揚げ焼きにする。油をきって器に盛り、1のトマトを添え、えびパンにのせて食べる。

エスニックえびパン

タイの定番料理の揚げパンは、香菜＆ナムプラーの香りが特徴。パンは薄くのばして堅くすることで、サクッとした食感になります。揚げるポイントは、えびペーストを塗った側を下にして先に揚げること。逆に揚げると、えびペーストがパンからはがれてしまいます。

材料（2人分）

食パン（10枚切り） 2枚

[えびペースト]
- むきえび 80g
- 香菜（シャンツァイ） ½株
- ねぎ 5cm
- 卵白 ⅓コ分
- ナムプラー 小さじ1
- 塩・黒こしょう（粗びき） 各少々

揚げ油 適量
香菜（仕上げ用） 適量
レモン（くし形） ⅛コ分
スイートチリソース（市販） 適量

―1人分 370kcal 調理時間20分

● 食パンを薄くのばして切る
1　食パンは麺棒で薄くのばし（写真❶）、縦半分に切って、さらに斜め半分に切る。

● えびペーストをつくる
2　むきえびは、背ワタがあれば竹串で取り除き、包丁で細かくたたく（写真❷）。香菜、ねぎはみじん切りにし、えびと残りの材料とともにボウルに入れ、練り混ぜる。

● 食パンにえびペーストを塗って揚げる
3　1のパンの片面に2のえびペーストを等分にのせ、薄く塗り広げる（写真❸）。

4　揚げ油を170℃*に熱し、3のえびペーストを塗った側を下にして入れる（写真❹）。こんがりとしたら上下を返し、もう片面もこんがりと揚げる。

● 仕上げる
5　4を取り出して油をきり、器に盛る。仕上げ用の香菜、レモン、スイートチリソースを添える。えびパンに香菜をのせてレモンを搾り、スイートチリソースをつけて食べる。

*一度水でぬらして拭いた菜箸の先端を鍋底の中央につけると、細かい泡がスーッと上がってくる温度が目安。

❹ パンからはがれないように、えびペーストを塗った側を下にして先に揚げます。

❸ えびペーストがむらなく揚がるように、ナイフなどで均一に塗り広げて。

❷ えびはパンに塗りやすいように、包丁で細かくたたいてペースト状にします。

❶ 薄くのばすのは、パンに余分な油を吸わせずにサックリと仕上げるため。

スイートチリソース
とうがらし、にんにく、酢、砂糖などをミックスした甘酸っぱいソース。揚げ物と好相性。

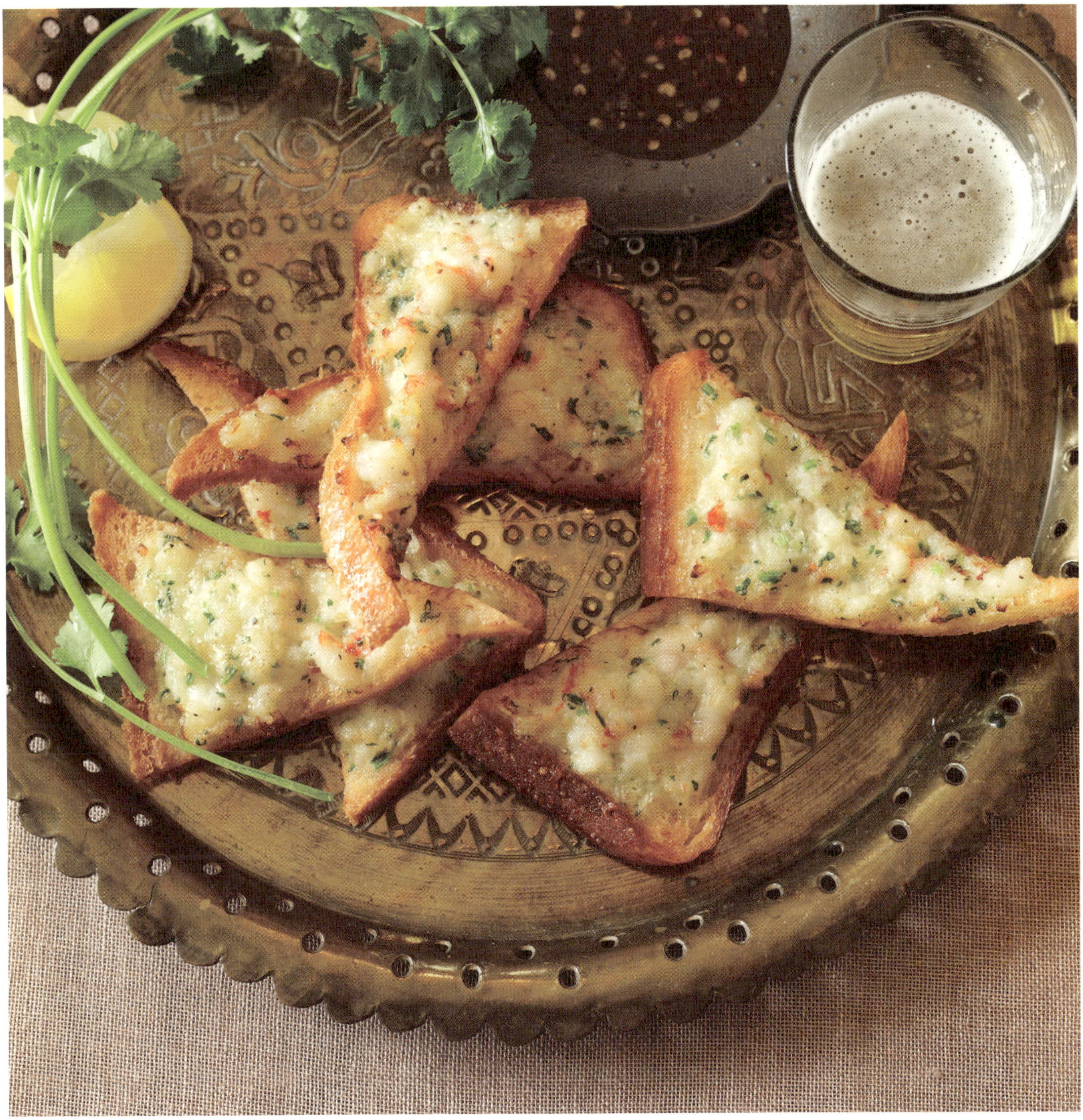

カナッペ

薄切りの食パンを
ガーリックトーストにして
彩りよくトッピングすれば、
パーティー向きの
おしゃれメニューに変身！
特にレバーペーストはおすすめです。
意外と簡単にでき、
チーズがレバーのくせを抑えて
ソフトな口当たりが楽しめます。
ハニーチーズは、ブルーチーズを
カマンベールチーズにかえてもおいしい。

材料（3〜4人分）

［ガーリックトースト］
- 食パン*（10枚切り） 2〜3枚
- バター 10g
- にんにく（すりおろす） ½かけ分

［レバーペースト］（つくりやすい分量）
- 鶏レバー 150g
- クリームチーズ 30g
- 酒 カップ¼
- 生クリーム 大さじ1
- オリーブ油 大さじ1
- 塩・黒こしょう（粗びき） 各適量

［グリーンペースト］（つくりやすい分量）
- ブロッコリー ½コ
- アンチョビ（フィレ） 1切れ
- マヨネーズ 大さじ2
- 生クリーム 小さじ½
- 塩・黒こしょう（粗びき） 各少々

［ハニーチーズ］
- はちみつ 適量
- ブルーチーズ 30g
- くるみ 10g

［サーモンサラダ］
- スモークサーモン 4枚
- たまねぎ ⅛コ
- 黒オリーブ（種を抜いたもの） 2コ
- ディル（生）・マヨネーズ 各適量

＊常温に戻して柔らかくしておく。

1人分170kcal 調理時間1時間

● **ガーリックトーストをつくる**

1　バターとにんにくを混ぜて食パンに等分に塗る。みみを切り落とし、1枚を9等分に切る。オーブントースターで2〜3分間こんがりと焼く。

● **レバーペースト カナッペをつくる**

2　鶏レバーは白っぽい脂を除いて中央に切り込みを入れ、小さな血の塊を除く。

3　塩少々を入れた氷水に2のレバーを入れて10分間ほどおき、サッと洗って水けをきる。酒、塩少々を入れた熱湯でレバーを5分間ほどゆで、ざるに上げ、粗熱を取る。

4　3のレバーを目の細かいざるでこしてボウルに入れ、クリームチーズ、オリーブ油、塩・黒こしょう各少々を加え、なめらかに混ぜる。

5　1のガーリックトースト適量に4のレバーペーストを塗り、黒こしょう適量をふる。

※レバーペーストは保存も可能。密閉容器に入れて冷蔵庫で2〜3日間保存可能。

● **グリーンペースト カナッペをつくる**

6　ブロッコリーは小さめの小房に分け、塩を入れた熱湯で2分間ほどゆでる。ざるに上げて水けをしっかりと拭き、細かく刻む。アンチョビは斜め薄切りにする。

7　ボウルに6のブロッコリー、マヨネーズ、生クリーム、黒こしょうを入れて混ぜる。

8　1のガーリックトースト適量に7のグリーンペーストを塗り、アンチョビを1切れずつのせる。

● **ハニーチーズ カナッペをつくる**

9　ブルーチーズは薄切りにする。くるみは粗く刻む。

10　1のガーリックトースト適量に9のチーズをのせる。はちみつをかけ、くるみを散らす。

● **サーモンサラダ カナッペをつくる**

11　スモークサーモンは1枚を半分に切る。たまねぎは薄切りにして水にさらし、水けを拭く。黒オリーブは薄切りにする。ディルは小さくちぎる。

12　1のガーリックトースト適量に11のたまねぎ、スモークサーモン、黒オリーブ、マヨネーズを順にのせ、ディルをのせる。

ディル
爽やかな香りのハーブで魚と相性がよい。サーモン料理によく使われる。

アンチョビ
かたくちいわしを塩漬けにして発酵させ、オリーブ油に漬けたもの。

コウ ケンテツ

料理研究家。1974年、大阪生まれ。母は韓国料理研究家の李 映林（り・えいりん）さん。姉のコウ静子さんも料理研究家。故郷・大阪にて3年ほど母に師事し、料理を学ぶ。2006年、独立を機に上京し、NHK『きょうの料理』などのテレビ、雑誌、広告、単行本、料理教室、講習会と精力的に活躍中。母から受け継いだ韓国料理をはじめ、得意ジャンルは幅広い。世界各国で出会った味を日本の家庭で手軽に楽しめるようにする工夫とセンスは抜群で、本書でも本領発揮。実生活では、一男一女の子煩悩な、やさしいパパである。

アートディレクション	遠矢良一（Armchair Travel）
デザイン	嘉生健一
撮 影	木村 拓（東京料理写真）
スタイリング	朴 玲愛
調理アシスタント	色井 綾／中山智恵
校 正	今西文子（ケイズオフィス）
栄養計算	宗像伸子
編 集	宇田真子／田原朋子（NHK出版）
編集協力	石出和香子

コウ ケンテツの食パン食
発行日　2013（平成25）年4月20日　第1刷発行

著　者　コウ ケンテツ
　　　　© 2013 Kentetsu Koh
発行者　溝口明秀
発行所　NHK出版
　　　　〒150-8081　東京都渋谷区宇田川町41-1
　　　　電話　03-3780-3311（編集）
　　　　　　　0570-000-321（販売）
　　　　ホームページ　http://www.nhk-book.co.jp
　　　　振替　00110-1-49701
印刷・製本　大日本印刷株式会社

ISBN 978-4-14-033279-5　C2077
Printed in Japan
乱丁・落丁本はお取り替えいたします。定価はカバーに表示してあります。
本誌の無断複写（コピー）は、著作権法上の例外を除き、著作権侵害となります。